청소차를 타는 CEO

옮긴이 소개_ 김 재 서 ━━━━━━━━━━━

한국외국어대학교 화학과를 졸업하고, 미국 University of Kansas 대학원에서 공부했다. 잠시간의 직장생활을 거쳐 기독교해외선교정보 전문가 겸 국제문제전문가로 일하면서 푸른섬선교정보센터를 운영하는 한편, 번역가로도 활동하고 있다.

번역서로는 『상한 감정의 치유 워크북』 『교회성장 될 수밖에 없는 성령의 은사 27가지』 『부정적 감정을 치유하는 진리요법』 『사이버공간의 유혹에서 우리아이 지키기』 『직장갈등 돌파 10』 등이 있다.

청소차를 타는 CEO

브라이언 스쿠다모어 지음
김재서 옮김

고물트럭 한 대로 거대한 브랜드를 일궈낸
기발한 창업가정신

예미

★ ★ ★

추천의 글

★ ★ ★

이 책은 브라이언 스쿠다모어 CEO의 괴짜 경영철학과 그 배경을 들여다본 것만으로도 많은 시사점이 있다. 그러나 더 의미 있는 건 생생한 실패사례에 대한 고찰과 후배 기업인들을 위한 조언에 있다. 성공사례는 사실 상황에 따라 매번 달라 답습하기 쉽지 않다. 실패사례는 시행착오를 줄일 수 있다는 점에서 의외로 경영에 상당한 도움이 될 수 있다. 매일매일 도전에 직면해 있는 창업자, 초보 CEO는 물론 리더십을 발휘해야 할 위치에 있는 이들이 이 책을 읽어야 할 이유다.

_ 박수호《매경이코노미》기자,
성실캠프(성공을 위한 실패담 공유) 창립자

지난 30년간 수많은 실패를 극복하고 성공을 이뤄낸 경험을 공유하는 이 책에서 저자가 가장 강조하는 것은 기업가정신이다. 스스로를 오너의 입장에서 생각하고 느끼면서 자신의 철학이 담긴 회사를 만들기로 결심한 사람들이 바로 기업가정신을 가진 이들이다. 그리고 자신의 주위를 둘러쌌던, 기업가정신을 가진 사람들이 밴쿠버에서 시작한 그의 회사가 전 세계로 뻗어나갈 수 있었던 원동력이라고 강조한다. 새롭게 창업을 꿈꾸는 모든 분들에게 특별히 권하고 싶다.

_ 서진영 자의누리 경영연구원 원장

브라이언 스쿠다모어는 금수저, 나는 흙수저로 태어났지만 사업가 기질은 비슷한 것 같다. 그는 쓰레기 수거, 나는 청소용역, 둘 다 남이 하기 싫어하는 혐오사업에서 열정으로 일했다. 기발한 창업가 정신으로 일궈낸 그의 성공과 그 성공의 발판이 된 실패의 이야기는 내겐 약이다.

_ 임희성 『계단을 닦는 CEO』 저자

전문적인 기술 없이 열정 하나만으로 어떻게 업계 최고가 될 수 있는지를 생생하게 보여주는 진정성 있는 스토리에 감탄할 수밖에 없다. 세상은 한계비용 제로사회로 접어들면서 기술은 싸지고 점점 민주화되고 있다. 세상을 변화시키기 위해서 어떤 기술을 가지고 있기보다 이 기술을 어떻게 조합하고 편집해서 세상을 바꾸는지 더 중요한 시대가 오고 있다. 세상에 가장 위대한 기술이 있다면 열정, 호기심, 문제 해결, 끈기 같은 것들일 것이다. 브라이언 스쿠다모어는 이 기술을 가장 잘 활용한 사람 중 한 명이며 많은 초년생 젊은이들에게 희망과 꿈을 이뤄나가는 명확한 방법론을 제시한다.

_ 최현일 반려동물 스타트업 선도기업 페오펫 대표

1-800-GOT-JUNK?를 창업하고 발전시킨 브라이언 스쿠다모어의 매력적인 이야기는 사업하는 모든 이들의 꿈이기도 하다. 회사에 해를 끼치는 직원들, 잘못된 결정들, 그리고 사업의 부침과 개인적인 손실 등도 아주 간단한 아이디어를 2억 5천만 달러 이상의 가치가 있는 멀티브랜드 왕국으로 바꾼 기업가의 고집과 긍정적인 마인드를 꺾을 수는 없다. 이 책은 기업가정신을 찾아 팔을 활짝 벌려 달리는 당신에게 큰 도움이 될 것이다.

_ 리 뷰캐넌Leigh Buchanan,《Inc 매거진》객원 편집자

브라이언 스쿠다모어가 기업가로서 믿을 수 없을 정도로 높은 정점에 오르기도 하고, 깊은 내리막도 경험했다는 것은 놀라운 일이 아니다. 그는 30년간 비즈니스의 현장에서 싸워 왔다. 『청소차를 타는 CEO(WTF?!; Willing To Fail)』에서 그는 좋았던 일들과 나빴던 일들, 그리고 부끄러웠던 일들까지 모든 것을 숨김없이 드러내 자신의 길을 개척하는 많

은 기업가를 돕고자 한다. 나보고 이 책을 요약해 보라고 한다면, 나는 서슴없이 "브라이언의 실수로부터 배워라. 그러면 당신은 같은 실수를 저지르지 않게 될 것이다!"라고 말하고 싶다. 우리는 앞서 길을 걸어간 사람들로부터 배울 수 있도록 모든 것에 열려 있어야 한다.

_ 조 드 세나Joe De Sena, 스파르탄 레이스Spartan Race 창업자 겸 CEO,
《뉴욕타임스》 선정 베스트셀러 저자

브라이언 스쿠다모어는 숨겨진 보석 같은 기업가이다. 이 책에서 그는 겸손과 지혜로 삶의 교훈을 전해준다. 자신이 배운 교훈과 그 교훈을 이끌어낸 사건들을 설명하면서 적절한 재미와 오락성(그리고 푸른 가발)을 통해, 브라이언은 헌신 대 열정, 일 대 놀이, 그리고 지금의 그를 만든 삶의 전환점 등에 관한 상식을 뒤집는 통찰력을 찾아낸다.

_ 노암 와서먼Noam Wasserman 박사, 베스트셀러 『창업자의 딜레마』 저자

30년간의 경험을 읽기 쉽게 풀어낸 이 책을 통해, 브라이언 스쿠다모어는 진정으로 성공하고자 하는 신생 기업가들이 어떻게 실패를 기꺼이 마주해야 하는가를 자세히 기술하고 있다. 강력 추천.

_ 저스틴 마틴Justin Martin, 작가, 《포천》지 기고자

브라이언 스쿠다모어의 이야기는 다소 황당하기도 하지만 한편으로 영감을 불어넣어 주기도 한다. 맥도날드에서 우연히 '전구'가 번쩍이듯 아이디어를 발견한 순간부터 700달러짜리 중고차 트럭을 전격적으로 사는 것까지 …… 그는 맨손으로 시작해 10억 달러 가치의 브랜드를 만들어 냈다. 운이 좋았을까? 타이밍이 기막혔을까? 그렇다. 그러나 그는 또한 경쟁자들과 라이벌들의 마음을 끄는 우아하고 단순한 비즈니스를 만들기 위해 최선을 다해 노력했다. 1-800-GOT-JUNK?의 역사는 실패와 갈등, 위기 속에서 좌충우돌하면서 결국 성공을 이끌어낸 이야기로 가득 차 있다. 그것은 브라이언 개인의 삶이기도 하다.

_ 가이 라츠Guy Raz,
NPR(미국 공영라디오방송)의 팟캐스트 〈How I Built This〉의 진행자

최고의 배움은 앞서간 사람들로부터 나온다. 브라이언 스쿠다모어가 그런 사람이다. 이 책은 재미있고 쉽다. 그러나 나는 이 책으로부터 15개의 사업 아이템뿐만 아니라 나의 삶 그리고 내가 1개월 과정으로 지도하는 CEO들의 삶을 더욱 나아지게 해줄 인생의 시사점들을 찾아냈다.

_ 잭 달리Jack Daly,
아마존이 선정한 다수의 베스트셀러를 집필한 저자, 경영자 코치

브라이언처럼 성공한 사람이 자신의 성공담 못지않게 실패담까지 솔직하게 털어놓을 때, 독자들이 얻는 교훈은 대단하다. MBA 과정을 공부하는 것보다 이 책이 주는 교훈이 더크다.

_ 팻 렌시오니Pat Lencioni,

베스트셀러 『팀이 빠지기 쉬운 5가지 함정』의 저자

브라이언 스쿠다모어는 그렇고 그런 평범한 회사를 아주 특별한 회사로 변화시키고, 세계적으로 키운 특별한 모험가이다. 이 책은 위대하고, 생산적인 즐거움으로 세상을 바꾸는 방법을 알려준다!

_ 마이클 E. 거버Michael E. Gerber, 『E 신화』『사업의 철학』시리즈의 저자

분명하고 솔직하며 재미있게 읽을 수 있는 책이다. 브라이언 스쿠다모어의 이 책은 사업을 시작하고 규모를 키우고 싶어 하는 사람이라면 누구나 겪어야 하는 과정을 이야기하고 있다.

_ 일레인 포펠트Elaine Pofeldt, 『나는 직원 없이도 10억 번다』의 저자

브라이언 스쿠다모어는 평범한 서비스업을 예외적이고 뛰어난 고객서비스로 성장시켰다. 그것도 네 번이나! 그는 사

업을 확장하는 방법을 제대로 이해하고 있으며, 실패를 대하는 그의 태도는 엄청난 성장의 비법이다. 이 책은 기업가정신을 탐험하는 데 필수적인 도구이다.

_ 베르네 하니시Verne Harnish,
『Scaling Up Rockefeller Habits 2.0』(국내 미출간)의 저자

하나의 사업으로 수백만 달러의 성공을 거두기도 쉽지 않은데 브라이언 스쿠다모어는 그것을 네 번이나 해냈다. 첫 번째 저서인 이 책에서 그는 어떻게 한 대의 고물 트럭으로 홈서비스의 제국을 일궈냈는지 이야기하고, 그가 그것을 할 수 있었다면 누구나 할 수 있다고 강조한다. 기업가의 길에 들어선 사람으로서 지침서를 찾는 사람이라면 반드시 읽어야 할 책이다.

_ 로버트 헤르자벡Robert Herjavec, 헤르자벡 그룹 CEO

기업가로서의 성공은 태도에 달려 있고, 브라이언 스쿠다모어는 바른 태도를 지녔다. 자신의 첫 번째 책에서, 그는 어떻게 실패를 배움의 기회로 활용하는지, 그리고 멋진 인재들을 찾아내고 그들을 어떻게 대우하는지가 성장의 열쇠임을 보여준다. 또 사업은 즐거워야 한다고 강조한다. 그의 WTF(Willing To Fail)의 철학은 자신의 사업을 성장시키

고, 멋진 기업 문화를 만들며, 도전을 승리로 이어가기를 원하는 모든 사업가들의 비밀병기이다.

_ J. J. 램버그J. J. Ramberg, MSNBC 방송의 〈Your Business〉의 진행자,

Goodshop.com의 공동설립자

성공은 태도에 달려 있다. 낙관적이고 긍정적인 어조로 일관하는 이 책은 기업가정신의 세계를 탐험하기 위한 지도를 찾는 모든 사람에게 필수적인 도구이다.

_ 토니 셰이Tony Hsieh, 자포스Zappos의 CEO,

《뉴욕타임스》 선정 베스트셀러 『딜리버링 해피니스』의 저자

목차

서문

내가 이 책을 쓴 이유는 당신을 격려하고 싶어서이다.

사실 나는 아주 평범한 사람에 불과하다. 첨단 하이테크 기업을 창업하여 경영하거나, 사람들에게 큰 화제가 될 만한 앱을 개발한 적도 없다. 유명 록스타와 파티를 즐긴다거나, 맵시 있는 고가의 차량을 몰거나 하는 럭셔리한 삶도 나와는 거리가 멀다. 당신이 나의 친구들이나 가족들에게 나에 대하여 물어본다면 그들은 하나같이 "브라이언은 그저 보통 사람입니다."라고 대답할 것이다.

사업을 시작한 지 30년 가까이 지난 지금, 내가 경영하는 작은 폐품수거업체는 매일 평균 1백만 달러 정도의 매출을 올리고 있다. 그리고 나는 매일 10억 달러 규모의 매출을 올리는 회사로 키워볼 궁리를 하고 있다. 사실 당신도 그렇게 할 수 있다고 생각한다. 다만 한 가지 조건이 있다면 실패와 기꺼이 친해질 수 있는 열린 마음이 있어야 한다는 것이다.

실패는 순간이다.

그러나 그 실패를 통해서 반드시 무언가를 배우게 된다.

실패를 통해 지혜를 얻게 된다는 것이다.

처음 사업을 시작했을 때, 나는 탄탄대로를 걷는 것처럼 보였다. 상상할 수 없을 정도로 순탄했다. 그러나 얼마 지나지 않아 나는 많은 도전과 실수, 그리고 실패에 직면하게 되었다.

당신이 나의 실수들로부터 배울 수 있도록 나는 이 책을 통해서 이러한 경험들을 가감 없이 나누려고 한다. 당신도 나처럼 비싼 교훈을 얻을 필요는 없지 않은가?

돌이켜 보면, 내 주변에 늘 열정을 가지고 열심히 노력하는 친구들이 많았다는 점은 참 다행스러운 일이다. 그들과 나는 힘을 합쳐 더 크고 나은 무언가를 만들기 위해 함께 일했다.

독자들도 마찬가지이다. 당신의 삶 가운데 영원히 기억될 가장 빛나는 순간은 멋진 사람들이 당신 옆에 있을 때 만들어진다.

나는 나의 성공이 혼자만의 힘으로 이루어진 것은 아니라고 생각한다. 그것은 당신도 마찬가지이다.

기업가정신을 함께 탐험해 보고 싶은 생각이 있는가?
아무도 가보지 않은 길을 함께 걸어 볼 생각이 있는가?
당신만의 창업 이야기를 써보고 싶은 생각이 있는가?
내가 해냈다면, 당신이라고 못할 게 없다.

_ 브라이언

1장
어려움으로부터 도피하기

아쉽게도 당시 나는 스스로에 대한 다른 가능성을 발견하지 못했다. 친구들을 즐겁게 해주기 위해 광대 노릇 하는 것 말고는 다른 방법은 없다고 생각했다. 마치 열차가 레일에서 한 치도 벗어나지 못하듯이, 마치 어둠 속에서 방향도 모르고 허우적거리듯이, 혼자 터널 속에서 울리는 메아리를 들으며 헤매듯이 그 일에만 집착했다.

나는 7살 때 비로소 아버지가 생겼다.

의학도였던 찰스 스쿠다모어Charles Scudamore 씨가 나의 어머니와 사랑에 빠진 것이다.

주례 목사님 앞에서 "I do.(네)", "I do.(네)" 하고 몇 번 대답하더니 두 분은 부부가 되었고, 그분은 나의 아버지가 되었다.

어머니는 새 남편을 얻었고, 나에게는 엉겁결에 새 아

버지가 생긴 것이다.

그리고 어머니와 나는 둘이 살던 샌프란시스코를 떠나 아버지가 공부하던 캐나다의 밴쿠버로 이사했다. 갑자기 다른 나라에 가서 살게 된 것이다.

캐나다에서 나는 7살밖에 안 된 미국인 꼬마였다. 어린 마음에도 거기서 새로 만난 캐나다인 친구들과 친해지고 그들과 어울리는 것이 가장 중요하다고 생각했던 것 같다.

문제는 내 노력이 너무 지나쳤다는 것이다. 그들과 친해지기 위해서 틈만 나면 그들을 웃기려고 노력했다. 주목받으려는 노력도 지나쳤다. 어느새 나는 사람들의 감정을 이리저리 자극하고 울고 웃기는 데 전문가가 되어 있었다.

지금 와서 나의 경험을 기반으로 충고하건대, 독자들이 내 입장에 처해 있다면, 절대 그러면 안 된다: 또래의 아이들과 친해지고 어울리고 싶어 하는 심리는 다른 아이들도 마찬가지이다. 때문에 나의 지나친 노력은 그들에게 거부감을 느끼게 했을 뿐이다.

나의 방식이 다른 사람들을 기분 나쁘게 만들 뿐, 그들이 나와 어울리게 만들 수 없다는 것을 터득하는 데는 6년이라는 시간이 필요했다.

학급의 광대 노릇을 하면서도, 방해꾼 내지는 트러블 메이커 취급을 받던 세월 동안을 견뎌낸 나름대로 방법이 있었다: 집을 도피처로 삼아 쉬는 시간마다 집으로 도망친 것이다. 겨냥만 잘하면, 집에서 던진 돌로 학교 유리창을 깰 수 있을 정도로 집과 학교가 가까웠기 때문에 가능한 일이었다. 쉬는 시간이나 점심시간이 되면 학교에서 빠져나와 집 안에 틀어박혀 있다가 시작종이 울리는 것에 맞춰서 교실에 들어갔다. 집에서 유리창 밖으로 학교 운동장을 바라보다가 나를 괴롭히거나 시비를 걸 만한 녀석들이 들어간 것을 확인한 뒤 총알같이 뛰어서 교실로 돌아왔다.

하굣길은 좀 더 까다로웠다. 처음에는 하굣길에 잘못 걸려 얻어맞은 적이 꽤 여러 번 있었다. 그러다가 은밀한 탈출구를 발견했다. 아이들이 하교하기 위해 교문으로 향할 때 나는 일단 도서관 쪽으로 걸어갔다. 그러면서도 부단히 교문 쪽을 살피다가 아이들이 모두 사라진 것을 확인한 후 집 바로 뒤편으로 난 샛문을 통해 귀가했다.

은밀한 탈출구를 만들어 내기 위해서는 여러 가지 일을 해야 했다(그 일들 가운데는 나에게도 기분 좋고 도움 될 만한 것들도 많았다): 요리, 스키, 여행, 새로운 언어 배우기, 멘토 되기, 코치 되기, 아이들과 놀기 등.

유용하고 안전한 탈출구를 마련할 수 없다면, 피하려 하지 말고 과감하게 부딪쳐야 한다. 이것이든 저것이든, 어떤 것에 몸을 던져 정면 돌파할 만한 "열정"이 기적처럼 내 안에서 생겨날 때까지 기다리지 말라. 일단 방향을 정하고 과감하게 부딪쳐라. 일단 온몸을 던져 뛰어들면 열정이 생겨날 것이다.

열정이 행동으로 이어지는 것이 아니다.
오히려 행동이 열정을 불러온다.

나는 당신이 누군가를 따돌리거나, 누군가로부터 따돌림을 당하는 것이 당신과 그들 모두에게 얼마나 고통스러운 일인지를 경험하지 않기를 진심으로 바란다. 그러나 혹시라도 그런 상황에 부닥치게 된다면 하루빨리 벗어날 수 있기를 바란다.

아쉽게도 당시 나는 스스로에 대한 다른 가능성을 발견하지 못했다. 친구들을 즐겁게 해주기 위해 광대 노릇하는 것 말고는 다른 방법은 없다고 생각했다. 마치 열차가 레일에서 한 치도 벗어나지 못하듯이, 마치 어둠 속에서 방향도 모르고 허우적거리듯이, 혼자 터널 속에서 울리는 메아리를 들으며 헤매듯이 그 일에만 집착했다.

물론 지금도 나는 농담을 좋아하고 가끔 친구들을 상대로 장난도 잘 친다. 그러나 그로 인해서 사람들이 불편해하지 않도록 조심할 줄 안다. 내가 던진 농담으로 인해 상대방이 상처받는 일은 지금은 없다.

나이가 좀 더 들고 나서는 상대를 즐겁게 해 주려는 지나친 노력 말고도 상대를 기분 나쁘게 만드는 것이 또 있다는 사실도 깨닫게 되었다. 남들 앞에서 자신의 일이나 상사에 대해 불평을 늘어놓고, 돈이 없다거나, 정해진 시간 안에 마칠 수 없을 정도로 일이 많다거나, 자신만 늘 불공평한 대우를 당하고 있다는 따위의 이야기를 계속한다면, 누구나 당신을 슬슬 피하게 될 것이다.

이 문제에 대해서는 다음에 자세하게 얘기할 기회가 있을 것이다.

2장
다시 낯선 아이

내가 힘으로 누군가를 누르기를 원하지 않았다는 것은 나 스스로 처음부터 잘 알고 있었다. 그러나 누군가를 웃기고 즐겁게 해 준다고 해서 친구가 될 수 없다는 사실을 아는 데 내 12살 인생의 절반이나 되는 긴 시간이 필요했다. 사람들은 말에 의해서도 빠르게 상처를 입는다, 오히려 말로 인한 상처가 주먹으로 인한 상처보다 더 깊은 법이다.

12살이 되었을 때, 아버지는 간 이식 수술법을 배우기 위해 영국에 가셨다. 물론 어머니와 나도 따라갔다.

나를 괴롭히는 아이들이 있는 캐나다를 떠날 수 있는 절호의 기회였다.

하지만 그곳에서도 문제는 있었다: 새로 만난 영국 친구들의 눈에 비친 나의 모습은 번쩍이는 금속 교정기를 긴 뻐드렁니에 아주 낯선 헤어스타일을 한 우스꽝스럽게 생긴 아이였다는 것이다. 당시 내 머리는 마치 머리에 밥그릇을 뒤집어쓰고 그릇 아래로 나온 머리카락만 잘라낸 바가지머리 비슷한 스타일이었다.

설상가상으로 영국에 있는 동안 나는 입에 교정기를 낀 사람을 단 한 명도 보지 못했다. 당시 한 인기 TV 쇼 프로그램의 주인공인 메탈 미키의 모습과 금속 교정기를 낀 나의 입모습이 묘하게 겹치면서 나는 놀림감이 될 수밖에 없었다.

처음 등교하던 날, 새 출발을 다짐하며 다시는 캐나다에서처럼 친구들에게 따돌림당하는 일은 없으리라고 마음을 굳게 먹고 운동장에 서 있었다. 그러나 마이크라는 녀석이 다가와 내 어깨를 밀치며 시비를 걸었다. "메탈 미키, 네가 살던 곳으로 돌아가."

애들이 웃는 소리가 들렸고, 나도 모르게 오른쪽 주먹이 날아갔다.

주먹에 맞아 땅바닥에 누워 있는 마이크를 보면서, 아

마 맞은 마이크보다 때린 내가 더 놀랐을 것이다.

내가 잘못한 것이다. 분명히 잘못한 것이다. 지금도 그때를 생각하면 마음이 좋지 않다. 원래 나는 그렇게 폭력적인 소년은 아니었다.

그러나 나도 모르게 주먹이 나간 것이다.

분명히 내가 잘못한 것이 사실인데 그 결과가 자신에게 매우 유리했던 경우가 독자들에게도 있을 것이다.

마이크는 학급이나 학교에서 모두가 인정하는 거친 녀석이었다.

말하자면 나는 챔피언을 눕히고 새 챔피언이 된 것이다.

내가 있는지도 몰랐던 아이들도 그 사건으로 인해 갑자기 나를 주목하게 되었다. 어떤 아이들은 일부러 나에게 접근해 말을 붙여보려고도 했다! 캐나다에서 온 아웃사이더였던 나를 보호자로 여기고 따르는 애들까지 생긴것이다. 하루아침에…….

그러나 대가도 만만치 않았다. 나를 꺾고 새 챔피언이 되겠다고 덤비는 도전자들이 생긴 것이다.

알다시피 영국은 시민의식이 성숙한 나라이다. 아이들의 사회에서 "맞고 때리는" 일은 좀처럼 드물다. 그러니 학교에서 가장 거친 녀석을 때려눕히고, 도전하겠다는 녀석도 물리치고 나니 나는 나도 모르는 사이에 전설처럼 대접받게 되었다.

다행히 그 이후 내가 누군가를 다시 때리는 일은 없었다.

더 다행스러운 것은 그럴 필요도 없었다는 것이다.

내가 힘으로 누군가를 누르기를 원하지 않았다는 것은 나 스스로 처음부터 잘 알고 있었다. 그러나 누군가를 웃기고 즐겁게 해 준다고 해서 친구가 될 수는 없다는 사실을 아는 데 내 12살 인생의 절반이나 되는 긴 시간이 필요했다. 사람들은 말에 의해서도 빠르게 상처를 입는다, 오히려 말로 인한 상처가 주먹으로 인한 상처보다 더 깊은 법이다.

영국에서의 삶도 아주 만족스러운 것은 아니었다. 대다수의 아이에게 나는 여전히 캐나다에서 온 이상한 혜

어스타일의 얼간이일 뿐이었다. 그러나 어디서나 어깨를 펴고 머리를 들고 다닐 수는 있었다. 또 나를 친구로 여겨주는 아이들도 꽤 있었다.

그러나 영국에서의 생활은 잠시였다.

머지않아 나는 다시 밴쿠버로 돌아갔다.

밴쿠버로 돌아왔을 때의 브라이언은 밴쿠버를 떠날 때와는 많이 다른 아이였다.

이야기를 계속하기 전에 분명히 해둘 것이 있다. 독자들 가운데서도 비슷한 경험을 통해 비슷한 교훈을 터득한 분들이 꽤 있을 것이라는 점이다. 때문에 독자들이 모든 면에서 나보다 더 빨리, 더 많은 교훈을 이미 터득했을 가능성이 얼마든지 있다.

그러나 때때로 이미 우리가 알고 있는 것을 다시 되뇌어 복습해 보는 것도 좋은 일이다.

이미 알고 있는 것을 다시 기억해 보는 것도 가치 있는 일이다.

3장
출발선에 다시 서다 ……
그러나 다른 모습으로

나는 할머니의 사랑과 도움에 영원히 감사해야 한다. 할머니는 내가 풀이 죽어 있을 때, 불안정하고 힘겨운 상태에서 벗어날 수 있도록 도와주셨다. 이제 나는 어디에 가든 나 자신에게 감사한다. 그러한 감사하는 마음은 내 삶의 모든 면에서 나를 인도해 준다. 이 모든 것은 할머니가 나에게 보여준 애정으로부터 시작된 것이다.

샌프란시스코에서, 밴쿠버를 거쳐 영국으로 …… 그다음은 또다시 아버지를 따라서 홍콩으로?

"그것보다는, 너는 밴쿠버로 돌아가서 할머니 밑에서 학교를 다니는 게 좋겠다."

밴쿠버로 돌아가는 것보다 더 당황스러웠던 것은 낯선 분과 함께 살아야 한다는 것이었다.

"할머니, 안녕하세요?"

"오, 브라이언, 너를 만나게 돼서 너무 기쁘다! 정말 사랑한다." 할머니는 이렇게 말씀하시면서 할머니 특유의 사랑을 듬뿍 담아 숨 막힐 정도로 꽉 끌어안아 주셨다.

포옹을 풀고는 내 어깨를 가볍게 끌어안은 채 미소를 머금고 말씀하셨다. "브라이언, 가서 새 옷을 사 입고 머리도 예쁘게 깎자."

스쿠다모어 할머니는 내 인생을 크게 바꾸어 주신 분이다.

아마 당신의 인생 가운데서도 특별히 당신에게 다른 누구와도 비교할 수 없을 정도로 사랑을 쏟아부어 주신 누군가가 있을 것이다. 어두움 속을 빠르게 벗어나는 데 충분할 정도로 당신을 성심껏 돌보아 주신 누군가가 있을 것이다.

할머니와 이발관을 나섰을 때 나는 지금까지와는 전혀 다른 소년이 된 것 같은 느낌이 들었다. 이발소 거울에 비친 새로운 나의 모습을 보면서 내 마음속에 있던 스스로에 대한 오랜 이미지를 지울 수 있었다.

마음속에 품고 있는 스스로에 대한 이미지의 지배력은 의외로 강력하다.

1년 반 만에 브라이언을 다시 만난 아이들이 그 전과는 완전히 달라진 브라이언의 모습에 놀랐음은 말할 필요도 없다. 영국에 머무른 18개월 동안 나는 아이들과 좀 더 부드럽고 쉽게 지내는 법을 배운 것이다. 영국에 있을 때와 마찬가지로 어깨는 펴고 머리는 자신 있게 들고 다녔다. "새롭고 발전된 모습의", 약간은 영국식 악센트가 섞인 듯 말을 하는 브라이언은 18개월 전에 밴쿠버를 떠난 말 많고 겁 많고 남들에게 상처를 주던 브라이언과는 다르게 사람들과 훨씬 쉽게 어울리는 아이로 바뀌어 있었다.

환경은 분명히 나에게 영향을 주었다. 만일 영국에서 마이크가 밀치는 대로 나가떨어졌더라면 내가 어떻게 바뀌었을지 잘 모르겠다.

영국에서 사귄 몇몇 친구들도 나를 많이 바꾸어 놓았다고 생각한다. 그들과 함께 보낸 시간을 통해서 사람들과 어울려 지내면서 느끼는 안정감이 얼마나 중요한지 배웠고, 서로를 격려하고 서로 특별한 존재로 여기는 방법도 배웠다.

무엇보다도 할머니의 사랑은 금상첨화였다. 할머니는 나를 있는 그대로 대해주셨고, 무조건 사랑하셨다. 아이다 스쿠다모어Ida Scudamore 할머니 덕분에 나는 사각지대에서 벗어날 수 있었다.

나는 할머니의 사랑과 도움에 영원히 감사해야 한다. 할머니는 내가 풀이 죽어 있을 때, 불안정하고 힘겨운 상태에서 벗어날 수 있도록 도와주셨다. 이제 나는 어디에 가든 나 자신에게 감사한다. 그러한 감사하는 마음은 내 삶의 모든 면에서 나를 인도해 준다. 이 모든 것은 할머니가 나에게 보여준 애정으로부터 시작된 것이다.

감사하는 마음은 당신의 삶을 바꾸는 힘이 된다.

당신에게 크게 도움을 준 분은 누구인가? 선생님? 코치? 이웃? 가족의 친구? 사회사업가? 당신이 스스로를 어떻게 할 수 없을 때 당신을 충분히 도와준 분들을 생각해 보라. 그들은 당신을 있는 그대로 보았고, 무조건 사랑한 사람이다.

　혹시 그분들이 지금도 당신 주변에 있고 쉽게 만날 수 있는 상황이라면, 찾아가서 그분들의 눈을 들여다보며 진심으로 "감사합니다."라고 말해 보라.

　그럴 기회가 있다면 그 또한 보통 행운은 아니다.

4장
두 번 자퇴하다

갑자기 스타가 되었다. 전화는 쉴 새 없이 울렸다. 버스 기사가 운행 중에 나의 회사 로고가 찍힌 트럭이 지나가는 것을 보고는 창밖으로 신문을 흔들기도 했다. 신문사와의 전화 한 통화로 인해 한순간에 너무 많은 것이 바뀌어버렸다. 그리고 모든 것이 순조롭게 흘러가고 있었다.

당시 신문 1면에 실린 기사를 지금도 회사의 내 사무실 벽에 잘 걸어 놓고 있다.

해마다 크리스마스 시즌이 되면 어른들은 내게 돈을 주셨다. 그때마다 아버지는 말씀하셨다. "그분들에게 꼭 감사의 편지를 써 보내라. 그리고 그분들에게 돈을 잘 모아 놨다가 대학교에 입학하는 데 쓰겠다고 말씀드려라."

그러나 실제로 나는 돈을 제대로 모으지 못했다. 돈이 생길 때마다 이런저런 일로 다 써버렸다. 사탕을 박스째 사서 기숙사에서 낱개로 마진을 붙여 팔아 돈을 벌기도 했고 인기 있는 아이스하키 선수 카드를 사들여 프리미엄을 붙여 팔아보기도 했다. 그리고 그렇게 번 돈은 어딘가에 다 써버렸다.

로버트 프로스트의 시 「가지 않은 길」의 마지막 부분을 기억하는가?

세월이 오래오래 지난 뒤에
나는 한숨지으며 이야기하리.
두 길이 숲속에 갈라져 있어
사람이 덜 다닌 길을 갔더니
그 때문에 이렇게도 달라졌다고.

남들이 가보지 않은 길을 일부러 찾아가기를 즐기는 사람들이 있다. 나도 그렇다.

나의 경력 가운데 남과 다른 부분이 몇 가지 있는데 그 가운데 하나는 고등학교를 졸업하지 않았다는 것이다. 12학년까지 수업은 충실히 마쳤지만, 졸업장은 얻지 못했다. 졸업장을 받지 못한 것을 처음 알았을 때 나는 매우 놀랐다.

그때의 기억은 이렇다. 대개 졸업 무렵이 되면 졸업생을 중심으로 DJ까지 동원된 큰 규모의 축하 파티가 열린다. 그런데 당시 학교운영위원회 측에서 무슨 생각을 했는지 오르페움Orpheum홀이라는 이름의 꽤 큼직한 음악당을 빌렸다. 그리고 졸업생들은 잘 차려입고, 균형 잡힌 걸음걸이로 우아하게 무대 위에 올랐다. 허리는 기품 있게 곧게 펴고, 턱은 자신만만한 표정으로 약간 쳐든 모습으로 줄지어 걸어 나갔다. 무대 위는 고상하고 품격 있는 분위기를 한껏 드러내고 있었다.

무엇이든 돋보이는 시간이었다.

나도 꽤 괜찮은 정장 차림으로 걷고 있었다. 그리고 학교의 높은 분들이 수여하는 두루마리를 받았다. 나는 그것이 졸업장이라고 생각했었다. 그러나 그 내용을 찬찬히 읽어 보니 내가 12학년 수업 과정을 모두 마쳤다는 말은 적혀 있었지만, 어디에도 졸업이라는 단어는 없었다.

잠시 동안 생각하면서 냉정하게 마음을 정리했다. "좋다, 이제 나는 '가본 사람이 거의 없어 기억하는 사람도 별로 없는 낯선 길'로 접어들었다. 오늘 졸업식에 참석한 사람들 가운데 졸업장을 받지 못한 사람은 나 한 사람뿐이다!" 이어서 드는 또 하나의 생각은 나 한 사람을 제외하고는 모든 친구가 졸업장을 받았다는 것이었다. 그들은 모두 대학에 가거나 진학을 시도했다. 그러나 나는 대학에 가지 못했다.

왠지 홀로 남겨진 것 같았다. 초등학교 시절 따돌림받던 때와 비슷한 느낌이었다.

그러나 초등학교 때보다는 더 나이도 들고, 현명해진 나는 자신에게 말했다. "졸업장을 못 받은 이유는 수시로 친구들과 어울려 술을 마시느라 수업을 많이 빠졌기 때문이다. 이제 다른 사람들과는 다른 낯선 길을 걸어야 한다. 그 길은 결코 탄탄대로는 아닐 것이다."

좋아 보이지 않는 길을 걸어 본 적이 있는가? 물론 있을 것이다. 지나고 나서 되돌아보면 선명하게 보이지만, 앞의 갈림길을 보면 반반이다. 지나온 길을 뒤돌아보면,

완벽하고 선명하게 보인다. 그러나 갈림길에서 앞을 내다보면, 두 길 모두 똑같이 매력적인 것처럼 보인다.

좋아 보이는 두 가지 가운데 하나를 선택하는 것이야말로 매우 어려운 일임을 절실히 느껴 본 적이 있는가? 자유는 좋은 것이다. 그리고 책임도 좋은 것이다. 책임과 자유라는, 둘 다 매력적으로 보이는 두 갈래 길에서 과거의 나는 항상 자유를 선택해 왔다.

그러나 나이가 들수록 자유보다는 책임 쪽으로 마음이 기우는 것을 스스로 느낄 수 있었다. 그래서 학비를 충당할 돈도 없고, 고등학교 졸업장도 없음에도 불구하고 대학에 진학할 방법을 찾아보기로 했다.

1단계: 학교 입학사무를 담당하는 사무실을 찾아가서 사정을 해 보자. "제가 한 과목을 제대로 마치지 못해서 졸업장이 없습니다. 그러나 기회를 주신다면 모자라거나 뒤진 부분은 충분히 만회할 수 있습니다. 부디 기회를 주시기 바랍니다."

좋다. 생각했으니 실제 행동으로 옮겨 보자.

2단계: 우연히 맥도날드에서 낡은 소형트럭 한 대를 보면서 학비를 벌 만한 나름 괜찮은 방법이 떠올랐다. 그 트럭 측면에는 "마크 화물Mark's Hauling"이라는 문구와 함께 전화번호가 적혀 있었다. "나도 저걸 해 보자."

직접 트럭을 몰고 다니며 폐기물을 운반하여 모은 돈으로 1년 정도 대학 학비는 해결할 수 있다는 것이 내 생각이었다. 특별하지도 기발하지도 않은 아주 평범한 생각이었다.

막상 시작하고 나니 2주일 만에 트럭이 고장 나 버렸다. 그때까지만 해도 내 머리는 아드레날린으로 가득 차 있었고, 나 자신의 사업체를 경영하고 이것을 키워 보겠다는 흥분으로 어쩔 줄 몰라 했었다. 그러나 수리비 청구서는 도저히 감당하기 어려운 큰 액수였다. 이것은 지금 되돌아보면 경영자로서 내가 겪은 첫 시련이었다. 그리고 내 계획을 다시 되돌아보고 점검하고 든든하게 보강할 기회였다. 결국 예상치 못한 지출을 메우기 위해 돈을 좀 더 끌어들였고, 다시 사업을 진행하게 되었다.

당시 상황으로는 광고를 위해 광고비를 지출할 수 있는 형편은 아니었다. 대신 나와 내 사업을 알릴 수 있는 홍보성 기사가 실릴 수 있도록 언론매체를 설득하기로 했다.

나의 이 모습을 보고 여자 친구 리사는 "참 대단한 계략이군. 여름 아르바이트 일자리를 못 구한다고 스스로 일자리를 만들다니."라고 말했다.

나는 대답했다. "뭐라고 해도 상관없어." 그리고 전화번호부를 뒤져 가장 큰 규모의 지역 신문인 《밴쿠버 프로빈스Vancouver Province》지의 편집국에 전화를 걸었다. "좋은 뉴스 아이템이 있습니다."

"그래요? 무슨 내용이지요?" 그래도 다행히 무시하지 않고 궁금하다는 듯 대답하며 내 이야기를 들어 주었다.

"제가 대학 등록금을 좀 벌어 보려고 여름 시즌 구직자리를 알아봤는데 일자리 찾기가 참 어려웠습니다. 그래서 아예 창업을 했습니다. 폐기물 운반업을 시작했습니다. 회사 이름은 'The Rubbish Boys'이고, 전화번호는 738-JUNK입니다. 그리고 사업은 생각보다 잘 되고 있습니다!"

그들은 대뜸 "축하합니다."라고 대답하더니 기자와 사진기자를 보내주었다. 다음 날 내 사업체를 소개하는 기사가 이 신문 1면에 실렸다!

갑자기 스타가 되었다. 전화는 쉴 새 없이 울렸다. 버스 기사가 운행 중에 나의 회사 로고가 찍힌 트럭이 지나가는 것을 보고는 창밖으로 신문을 흔들기도 했다. 신문사와의 전화 한 통화로 인해 한순간에 너무 많은 것이 바뀌어버렸다. 그리고 모든 것이 순조롭게 흘러가고 있었다.

당시 신문 1면에 실린 기사를 지금도 회사의 내 사무실 벽에 잘 걸어 놓고 있다.

나는 주니어칼리지junior college(옮긴이 주—2년제 전문대학)에 진학하여 학업과 사업을 병행했지만 몇 개월 만에 학교를 자퇴하고 말았다. 그 학교가 내가 있어야 할 곳이 아니라고 생각했기 때문에, 두 가지 일을 한꺼번에 하느라 힘과 시간을 소비하고 싶지 않았다.

대신 캐나다의 다른 지역과 퀘벡주의 다양한 문화를

직접 느껴 보고 싶다는 생각으로 몬트리올로 옮겨서 두 군데의 학교에 다녔다. 그리고 학업 성적도 괜찮았다.

그리고 다시 밴쿠버로 돌아와서 브리티시 콜롬비아대학교University of British Colombia에 입학했다. 이 학교는 많이 알려진 대로 입학하기가 매우 어려웠다. "좋다. 여러 곳을 돌아서 여기까지 왔다. 여기서 학위를 마치고 이 학교 졸업장을 따겠다. 이제부터는 시행착오 없이 직진하자."

브리티시 콜롬비아대학교까지 4년 동안 네 개의 학교에 다녔는데 그 학비는 생활비를 아끼고 아껴서 700달러를 주고 산 낡은 포드 픽업트럭을 몰고 폐기물을 옮기며 조달했다.

그때의 경험을 통해서 나는 일을 놀이로 여기며 즐기는 것이 매우 중요하다고 생각하고 있다.

나는 파산한 어느 식용달팽이 수입 회사로부터 달팽이 껍질을 수거해 달라는 전화를 받았던 날을 기억한다. 트럭에 폐기물을 가득 실었는데, 고객이 우리에게 말했다.

"이봐, 친구들. 더 실을 수 있을 것 같은데?"

지금까지 경험으로 볼 때, 고객의 말은 대개 옳다. 우리는 트럭을 건물 벽에 바짝 대고 2층으로 뛰어 올라갔다. 그리고 창문에서 트럭에 쌓인 폐기물 더미로 뛰어내렸다. 마치 나뭇잎 더미 위에 뛰어내리는 것처럼 푹신했다. 다시 또 2층으로 올라가 뛰어내리기를 반복하며 어린아이들처럼 신나 했던 기억이 난다. 이렇게 해서 폐기물의 부피를 줄이니 무려 1톤이나 되는 달팽이 껍질을 더 실을 수 있었다. 우리는 신나게 놀면서 돈을 벌어 좋았고, 주인은 없애야 할 폐기물을 모두 처리할 수 있어서 즐거워했던 것이 지금도 기억에 선하다.

인생은 그런 것이다. 인생은 좋은 것이고 즐거운 것이다.

나는 학교 수업에 지장이 없는 한도 내에서 수시로 고객들과 대화하며, 폐기물 수거 일정을 잡고, 내 밑에서 일하는 직원들과 문자를 주고받고, 그들이 업무 중에 맞닥뜨리는 문제를 해결해 주고, 또 차를 몰고 학교에 가는 등 정말 바쁘고 신나게 시간을 보냈던 것 같다.

솔직히 말하자면 학교에서 교재를 공부하고 수업을 들으면서 배운 것보다 사업체를 직접 경영하면서 배운 것이 훨씬 많았던 것 같다. 처음 그런 생각을 하게 된 것은 조직행동학 강의 때였다. 교수께서 내게 다가오더니 이렇게 말씀하셨다. "자네가 직접 사업체를 경영한다고 들었네. Rubbish Boys라는 회사라지? 수업 시간에 자네의 경험담을 발표해 보는 게 어떤가?"

내가 듣는 수업에서 강의하는 교수들치고 내가 직접 사업체를 경영한다는 사실을 모르는 사람은 없었다. 내가 먼저 그분들에게 말씀드린 적은 없었다. 하지만, 당시는 거의 식빵 덩어리만큼 크고 시멘트 벽돌만큼 무거운 모토로라 핸드폰을 학생이 들고 다니는 경우는 매우 드문 시절이었기 때문에 나는 모두의 이목을 끌 수밖에 없었다. 당시 핸드폰은 진동 기능도 없었고 묵음 기능도 없었다. 그 때문에 가끔은 수업 시간에 고객의 전화가 걸려오는 바람에 난처했던 적도 있었다. 내가 수업을 듣는 동안에 나를 대신해 일을 처리하도록 직원을 따로 두고 있었지만, 간혹 그 친구가 피치 못한 일로 전화를 받지 못할 경우 내 전화가 울리는 해프닝이 있었다. 그럴 때면 나는 급히 강의실 밖으로 나가서 전화를 받아야 했다. 그런 일이 있고 난 뒤에는 교수를 찾아가 정중히 사과하면서 왜 수업을 듣다 말고 뛰어나가 전화를 받아야만 했는지 설명을 하고 양해를 구했다. 그들은 나를 무례하게 여기기보다는 동정 어린 시선으로 바라보았다. 일과 학업을 병행해야 하는 젊은이에 대한 성원과 연민의 시선 같았다. 그들은 자신들의 제자들 가운데 일과 학업을 병행하는 성실한 젊은이가 있다는 사실에 뿌듯해하는 것도 같았다.

어쨌든 나는 조직행동학 시간에 내 경영 체험담을 발표했고, 학생들로부터 매우 많은 질문을 받았다. 그리고 나의 창업기와 직면한 도전을 극복해 나가는 과정을 들으면서 많은 영감과 에너지를 얻고 싶어 하는 사람들로부터 엄청난 피드백을 받았다. 그런데 그들의 이런 반응은 내 마음속에 또 다른 한 가지 생각이 떠오르게 했다. "역시 여기서도 그렇게 많은 것을 배우는 건 아니야.

사실, 내가 배우는 게 아니라 선생 노릇을 하고 있지 않은가?"

이때가 1993년이었다.

아버지와 마주 앉아서, 예전에 신문기자를 이해시키기 위해 애썼던 것처럼 내 사업에 대해 한참 설명을 했다. 그리고 이어 말했다. "아버지, 좋은 소식이 있어요." 이렇게 운을 띄운 것은 아버지가 가능한 한 긍정적으로 내 생각을 받아주기를 바라는 마음이 있었기 때문이다. 나는 엷은 미소를 띠며 말했다. "대학을 자퇴하려고 합니다."

아버지는 한참을 아무 말 없이 앉아 있었다. 조금은 혼란스러운 표정이었다. "아예 쓰레기 청소부로 나서겠다고?" 나는 확신 어린 표정으로 고개를 끄덕였다. 아버지는 고개를 절레절레 흔들었다. "농담이었으면 좋겠다."

아버지로 말하자면 잘나가는 간이식 전문 의사였다. 현재의 지위와 능력의 전부를 대학에서 습득한 분이고, 대학에서 배울 수 있는 모든 것을 배워 나온 사람이었다.

반면 나는? 아버지의 눈으로 보면, 쓰레기를 치워 몇 푼 벌어보겠다고, 경험을 통해 더 많은 것을 배우겠다고,

모험해 보겠다고 학교를 그만두겠다는 젊은 아들이 왜 걱정스럽지 않았겠는가?

"내 큰아들이 대학을 그만두고 아예 전업 폐기물처리 업자로 나섰답니다. 도대체 뭐가 잘못된 걸까요?"

5장
졸업 후

현재도 나는 훼방꾼이다.
나는 전문성과 고객서비스로 기존의 폐기물 수거 업계를 흔들어 놓은 훼방꾼이 되었다. 그리고 사람들이 천하게 여기는 직종에 뛰어들어, 자신이 하기에 따라서는 얼마든지 자부심을 가질 만한 성공을 거둘 수도 있다는 사실을 세상에 보여주었다. 그러나 그 과정은 절대 쉽지 않았다.

나는 대학도 졸업하지 못했고, 심지어 고등학교 졸업장도 없다. 그러나 나는 인생의 경험이라는 대학에서 최고의 졸업장을 받았다고 스스로 믿고 있다.

그 학교의 졸업시험 문제는 딱 하나였다: "자신감과 자만심의 차이는 무엇인가?"

내 답안은 다음과 같다: "결과이다. 만일 결과가 좋다면 사람들은 나를 담대하고 결단성 있다고, 자신감이 있다고 칭찬할 것이다. 그러나 결과가 파국에 이르면, 사람들은 나에게 자기만의 독선으로 가득해서 자만심으로 엄청난 대가를 치렀다고 말할 것이다."

물론, 인생의 경험이라는 대학에서 받은 학위는 눈에 보이지 않는다. 그러나 그 학교는 실재한다.

어릴 때는 학급의 훼방꾼이었고, 어느 나이에 이르기까지 거기서 벗어나지 못했다.

현재도 나는 훼방꾼이다.

나는 전문성과 고객서비스로 기존의 폐기물 수거 업계를 흔들어 놓은 훼방꾼이 되었다. 그리고 사람들이 천하게 여기는 직종에 뛰어들어, 자신이 하기에 따라서는 얼마든지 자부심을 가질 만한 성공을 거둘 수도 있다는 사실을 세상에 보여주었다. 그러나 그 과정은 절대 쉽지 않았다.

때때로 나는 갈림길에서 잘못된 길을 선택하기도 했다. 그때마다 제자리로 돌아와 다시 갈림길에 서서 다른 길로 발을 디뎌야 했다.

혹시 누군가로부터 이제 당신은 다시 돌이킬 수 없는 선택을 했다는 말을 들어본 적이 있는가? 사람들은 나에게도 그렇게 말했다. 물론 그들이 무슨 뜻으로 그런 말을 했는지는 나도 이해한다.

그러나 나의 경험으로는 어떤 일의 결과로부터 배울 수 있는 가장 중요한 교훈은 모든 것이 잘못되었다고 느낄 때는 다시 갈림길로 돌아가서 다른 새로운 길로 발을 내디뎌야 한다는 것이다.

NOTE 1 갈림길에서 어느 한 길을 선택하여 한참을 걷다가 눈에 들어온 풍경이 도무지 마음에 들지 않는다면 온 만큼 다시 돌아가라. 그리고 갈림길의 반대쪽 길을 향해 다시 출발하라.

나는 학교에 다니면서 내 눈에 들어온 풍경이 도무지 마음에 들지 않았다. 오히려 트럭을 몰고 다니면서 눈에 들어오는 풍경이 더 보기 좋았다. 트럭을 몬다는 것은 폐기물 덩어리를 처리하지 못해 짜증스러워했던 누군가의 속을 시원하게 해 주기 위해 어딘가를 향해 길을 떠난다는 것이었다.

잭 프레스콧Jack Prescott은 어느 해인가 여름 방학에 프랑스어 캠프에서 만나 친해진 친구였다. 그 인연으로 나는 그를 사업 파트너로 맞아들였다. 그러나 잭은 창업자의 심장을 가진 친구는 아니었다.

기업가가 진정으로 조언자를 필요로 하는 순간에, 자신에게 필요한 것은 파트너라고 착각하는 경우가 종종 있는 것은 왜일까?

자, 지금 당신이 숲에서 길을 잃었다고, 사업에 있어서 다음 단계로 넘어가기 위해 누군가의 도움이 필요한 상황이라고 가정해 보자. 이럴 때는 파트너를 구하려 해서는 안 된다.

조언자 혹은 멘토라 부를 수 있는 사람을 찾아야 한다.

길을 잃고 헤매는 숲속에서 훌륭한 길잡이가 되어 줄 누군가를 만나야 한다. 지금 당신이 헤매고 있는 숲에 대해 감춰진 모든 것들까지 속속들이 알아서 당신을 어두운 숲에서 끌어내 환한 광야로 인도해 줄 사람을 찾아야 한다.

대개의 경우, 파트너란 당신과 함께 숲에서 길을 잃었을 때, 기업의 현상을 유지해 주는 데만 도움이 되는 사람들이다.

진정한 파트너는 창업자의 심장을 가져야 한다. 그의 심장의 고동이 당신의 심장 고동과 조화를 이루는 사람이어야 한다.

얼마 지나지 않아 잭과 나는 3대의 트럭을 운영했다. 그러나 무언가 잘못되어 가고 있었다. 그래서 나는 잭이 가지고 있는 회사 지분을 다시 사들였다. 이때 내가 잭에게 지불한 액수는 둘이 동업을 시작한 후 거둬들인 이익보다 더 많았으니 분명히 실패였다고 볼 수 있다. 이유는 간단하다. 그는 회사에 대해 나만큼 신뢰와 자신감을 갖고 있지 않았다. 그 때문에 나는 그가 기대했던 것보다 높은 금액을 지불해서라도 그가 가지고 있던 절반의 지분을 사들여야 했다.

그리고 얼마 지나지 않아 트럭은 5대, 직원은 11명으로 늘어났다. 연 50만 달러의 순이익을 달성했고, 24살 때는 집을 샀다. 겉으로 볼 때, 모든 것이 완벽했고 순조로워 보였다. 그러나 실제로는 나는 큰 스트레스를 받고 있었고, 매일 일을 하는 현장에서 벗어나고만 싶었다. 그것은 내가 처음 폐기물수거업을 시작하면서 마음속에 그렸던 회사의 모습과 실제 회사의 돌아가는 모습이 달랐기 때문이다.

왜 이렇게 일에 흥미를 잃게 되었는지 곰곰이 생각하면서 아주 간단한 답을 찾아냈다. 내가 직접 인터뷰해 고용한 직원들임에도 불구하고 그들에게 둘러싸여 일하는 것이 불편했고, 그들 역시 나를 진심으로 좋아하고 있지 않았다. 이렇게 내부 환경은 악화하고 있었고 직원들은 나와 비전을 공유하거나 내가 만들어 가려는 기업문화에 자신들을 맞추려고 하지 않았다.

결국 11명의 직원을 모두 해고하던 그날은 나의 일생에서 가장 끔찍한 기억으로 남아 있다. 그들에게 해고 통보를 하는 것은 내가 리더로서 실패했음을 자인하는 일이었다. 그리고 다시 직원을 뽑아 회사의 조직을 꾸밀 때까지 몇 개월간 그 많은 업무를 모두 혼자 처리해야 하는 것도 끔찍한 일이었다.

그런데도 과감하게 결단하지 않으면 안 되었던 이유는 가장 적절한 사람이 적절한 자리에 있어야만 한다는 확신 때문이었다. 이 사건을 계기로 회사의 문화에 가장 적합한 사람을 고용해야 한다는 것은 절대로 양보할 수 없는 채용원칙이 되었다.

내가 새로 고용한 사람들 가운데 제이슨 스미스Jason Smith가 있다. 지금도 그와의 관계는 매우 우호적이다. 그가 처음 내 회사에서 맡은 일은 트럭을 한 대 몰고 현장을 뛰어다니는 일이었다. 그리고 얼마 지나지 않아 내근 관리직을 맡았다. 그는 우리 회사의 예약과 트럭 파견

을 관리하는 프로그램인 JunkNet의 뼈대를 만든 사람이
다. 폐기물수거업계에서 컴퓨터프로그램으로 수거와 운
송일정을 관리하는 시스템은 JunkNet이 처음이다. 그가
JunkNet을 개발한 보상으로 자기 안에 기업가적 기질이
있다는 사실을 스스로 깨달은 것도 부수적인 성과이다.
그는 마음속으로부터 스스로 창업을 하라는 목소리를 들
었다.

  제이슨은 이후 독립해 새로운 하이테크 회사를 시작했
다. 그도 실패를 겪고 그로부터 배우면서 성장을 거듭한
끝에 그의 회사는 훗날 수백만 달러에 팔릴 정도로 큰 회
사가 되었다.

  데이브 로드윅Dave Lodewyk도 회사에 신선한 공기를 불
어넣어 준 사람이다. 그는 트럭 한 대를 맡아 몰면서 시
급을 받는 일부터 시작해 몇 차례 승진을 거듭하면서
사무실의 부서장이 되었다. 그런데 그는 몇몇 지역에
1-800-GOT-JUNK?로 이름이 바뀐 우리 회사의 프랜차
이즈 자회사를 설립하여 스스로 지역 프랜차이즈 자회
사의 경영자가 되고 싶어 했다. 그때만 해도 우리는 프

랜차이즈 네트워크를 구축하는 데까지는 생각이 미치지 못할 때였다. 데이브도 제이슨과 마찬가지로 창업에 눈을 돌렸다. 우리 회사를 그만둔 그는 스키복생산업체를 창업했다. 그는 자기의 회사가 만든 스키복이 지금도 북미 전역에서 팔리는 인기상품이 될 정도로 큰 성공을 거두었다. 비록 우리 회사는 떠났지만, 나는 제이슨 그리고 데이브와는 지금도 매우 가까운 친구 관계를 유지하고 있다.

데이브 로드윅과 제이슨 스미스는 "창업자의 정신"을 강조하는 우리 회사 특유의 기업 문화의 기반을 만든 사람들이라고 할 수 있다.

당신이 경영하는 회사나 조직의 구성원들이 스스로를 오너의 입장에서 생각하고 느끼고 있다면 당신의 회사나 조직도 "창업자 정신"의 기업문화가 정립되었다고 볼 수 있다.

이제 회사 분위기는 전보다 훨씬 나아졌다. 그러나 나

는 여전히 뭔가 부족하다고 줄곧 생각하고 있었다.

　나는 내 앞의 갈림길 가운데 "동업자 정신Partnership"이
라고 불리는 길을 줄곧 걸어왔지만, 나 스스로 그 길의
풍경에 만족하지 못하고 있었다. 그래서 나는 다시 온 길
을 되돌아가 갈림길에 섰다. 그리고 다른 길을 걸어가기
시작했다. 그 길은 "멘토 정신Mentorship"이라 이름 붙은 길
이다.

　나는 나에게 필요한 여러 멘토를 "청년기업가모임YEO;
the Young Entrepreneur's Organization"이라는 단체를 통해서 찾을
수 있었다. 이 단체는 매년 1백만 달러 이상의 매출을 올
리는 회사의 경영자들에게 가입 자격을 주고 있다. 내가
그 단체에 가입할 때 했던 말이 기억난다. "사실 우리 회
사의 연 매출은 100만 달러에 조금 못 미칩니다." 그들은
말했다. "괜찮습니다. 우리가 당신을 좋아합니다. 그리
고 매출은 약간 부족할 뿐입니다. 당신 회사는 곧 100만
달러 매출을 달성할 것입니다."

　그들은 이렇게 나를 환영해 주었고, 매출을 늘리는 데
필요한 여러 가지 경영 팁을 주었다.

그 덕분에 나는 1천만 달러나 2천만 달러 혹은 1억 달러 매출 규모 경영자들을 자주 만났다. 그때마다 드는 생각은 "우리 회사는 연 매출 100만 달러도 안 되는 작은 폐기물 수거업체에 불과해."라는 것이었다. 나는 마치 무일푼이고 내가 어디로 가야 할지 비전도 불명확한 듯한 느낌이 들었다. 내가 어디로 가고 싶어 하는지 나 자신도 몰랐다.

그래서 나는 혼자 바닷가에 있는 부모님의 작은 오두막집을 찾아가 무엇이 잘못되었는지 곰곰이 생각해 보았다.

지금부터 하는 이야기는 매우 중요하다. 지금 생각해 보면, 당시에 한 일은 미래를 설계하기 위해 내가 했던 일 가운데 가장 큰 영향을 미친 일이었다.

잠시 바닷가의 오두막 주위를 서성거리며 둘러보다가 선창가에 앉아 깊이 생각해 보았다. "지금 나는 불운의 악순환이라는 덫에 걸려 있다. 그리고 이것은 내가 원했던 길이 아니다. 나는 낙천적인 사람이다."

그러고는 종이 한 장을 꺼내 놓고 큰 소리로 말했다. "좋아. 내 앞길에 아무 문제도 없다면 가장 좋은 가능성은 어떤 것일까? 5년 후에 이 회사는 어떻게 변해 있을까? 자금 부족, 교육의 부족, 실수 이런 것들을 생각하지 말고 가능성에 대한 꿈만 꾸자."

그리고 나서 나는 그림을 그린다는 마음으로 가장 행복한 미래에 대해 생각나는 대로 적어 보았다. 종이의 양쪽 면이 두서없는 글로 가득 채워졌다.

그 글의 첫 문장은 "2003년까지 북미 지역 상위 30대 도시에 우리 사업이 진출한다."로 시작되고 있었다. 굳이 30개 도시로 정한 것은 북미지역에 밴쿠버보다 큰 도시가 30개였다고 어디선가 들었기 때문이다. 내 사업이 밴쿠버에서 성공했다면 다른 대도시에서라도 못할 이유가 어디에 있는가?

그리고 마음속에 떠오른 온갖 생각을 적어 보았다:

"언젠가 〈오프라 윈프리 쇼〉에 출연하겠다."

"폐기물 처리업계의 페더럴 익스프레스가 되겠다."

"깨끗하고 빛나는 트럭들."

"정시 서비스."

"선불요금제."

"깨끗한 유니폼을 착용한 친절한 트럭 기사들,"

그리고 트럭 기사들은 고객의 집이나 회사의 문을 두드릴 때 항상 미소를 잃지 않아야 한다! 문을 열어 주는 고객도 마주 보고 함께 미소를 띤다!

그리고 기사들은 믿을 수 없을 정도로 예의 바르고, 친근하고, 고객들에게 도움이 되어야 한다.

이렇게 종이에 수많은 꿈이 가득 적히고 그 꿈들이 고스란히 실현된 회사의 모습을 상상하며 스스로 뿌듯해하고 행복해했다.

내가 생각나는 대로 마구 적은 "미래의 그림"에 담긴 것들이 정확히 무엇인가 하는 것은 중요하지 않다.

중요한 것은 당신만의 "미래의 그림"에는 어떤 내용이 그려져 있느냐는 것이다.

당신의 미래는 어떠하기를 바라는가? 당신이 꿈꾸는

미래를 이루기 위한 구체적인 방법은 모른다고 하더라도 그것을 이루고자 하는 미친 듯한 열정을 가지고 있는가? 당신 앞에 종이가 한 장 있다면 그 안에 당신이 이루기를 원하는 미래를 묘사한 글과 그림을 가득 채워 넣을 수 있을 정도로 구체적인 꿈이 있는가?

내가 종이에 적은 글들을 읽기 시작하면서 나는 불운의 고리와 염세적인 미래에서 빠져나올 수 있었다. "오, 신이시여. 언젠가 이 꿈이 현실로 이루어지는 순간을 볼 수 있겠지요!"

내가 그린 그림은 내가 원하는 것을 있는 그대로 구체적으로 볼 수 있는 천여 개의 단어로 시작했다. "이것을 하고 싶다."라거나 "이것을 하기 위해 노력하겠다."는 따위의 글이 아니었다.

나는 그 종이를 보며 "나는 이것을 할 것이다."라고 자신에게 말했다.

당신의 마음속에 당신이 원하는 미래의 모습이 그려져 있고, 종이 한 장을 꺼내 그 모습을 많은 단어로 자세하게 묘사하여 적을 수 있다면, 그 꿈이 성취될 가능성은 좀 더 높아질 것이다.

이 말을 한 사람은 아주 오래전 사람이고, 많은 사람들이 수없이 그의 말을 인용했다. 그러나 나를 사로잡은 것은 그의 그다음 말이다. "무엇이든 당신이 할 수 있는 것이 있다면, 아니면 꿈꿀 수 있는 것이 있다면, 시작하라. 담대함 속에 재능이 있고 능력이 있고 마법이 있다. 지금 시작하라."

어둠을 관통하여 당신의 마음속에서 환하게 타오를 꿈을 발견하는 비결은 이것이다:

시간은 충분히 있으니 구체적인 방법은 천천히 생각해
도 된다.

우선은 마음속에 뜨거운 불을 켜는 것이 중요
하다.

논리적인 생각이 당신으로 하여금 꿈에서 깨어나게 한
다면 잠시 그 생각을 접어 두어야 한다. "도대체 어떻게
하겠다는 거야? 그런 꿈이 불가능하다는 것은 너도 알잖
아. 그걸 이루기에는 네 역량이 부족하다는 거 알잖아?
머릿속에 있는 구름 같은 것을 걷어내야 해. 네가 어떤
사람이라고 생각해? 꿈이 클수록 실망만 커질 거야."
머릿속을 맴도는 이런 생각들이 있다. 이런 생각들이
당신의 밝은 미래를 지워버리지 않도록 해야 한다.

나의 삶을 바꾸기 위해 오두막에서 한 또 다른 일은 마이클 거버의 『E 신화E Myth』라는 책을 처음부터 끝까지 읽은 것이었다. 이 책을 처음 읽었을 때, 마치 무언가가 나를 세게 흔드는 것 같은 느낌을 받았다. 그리고 여러 차례 처음부터 끝까지 완독했다.

그러고는 마치 세상 꼭대기에 있는 듯한 느낌으로 해변 오두막을 떠났다. 나는 왜 불행하다고 느꼈는지, 그리고 이 문제를 해결하기 위해 무엇을 해야 하는지 해법을 얻고 떠났다.

마이클 거버의 책을 통해서 사람은 실패하지 않으며, 시스템이 실패하는 것이라는 사실을 배웠다. 그리고 회사를 한 단계 더 성장시키기 위해서는 프랜차이즈 네트워크를 구축해야 한다는 결론에 도달했다. 프랜차이즈의 성공은 시스템의 성공에 의해 좌우되기 때문이다.

지금 내게 필요한 것은 시스템이었다.

그때부터 나는 시스템 개발에 공을 들였다. 실패, 성공, 실패, 성공, 실패, 성공을 반복하면서 시스템은 계속 개선되어 나갔다.

마이클 거버에게 다시 감사를 표하는 바이다.

6장
처음부터 다시 시작

내가 가장 중요하게 여긴 것은 기업가정신이었다. 뭔가 가능성을 모색하고, 그 가능성을 향해 돌진하는 과감한 용기와 자신감, 그리고 광기를 가진 사람들을 내 주변에 포진해 놓고 싶었다. 나는 행복하고happy, 뭔가에 굶주려 있고hungry, 열심이고 hardworking, 몸소 실천하는hands-on 사람들에 의해 둘러싸여 있기를 바랐다. 우리는 이를 4H라고 불렀다.

해변의 오두막에서 많은 이야기를 끄적거렸던 그 종이는 지금도 내 옷 주머니에 들어 있다. 그 종이는 나에게 어디를 가든 늘 행복을 달고 다니는 사람들을 찾아보라고 말하고 있는 것 같다. 시간 가는 줄 모르고 대화를 주고받고, 서로 함께 하는 것을 즐기는 사람들. 단지 폐기물 수거 업무를 수행하는 것만이 아니라, 트럭을 몰고 거리를 누비고 다니면서 사람들을 행복하게 만들고 함께 즐거워하는 사람들을 찾아보라는 것이다.

이렇게 내가 어떤 사람을 필요로 하는지에 대한 구체적인 그림을 그려 놓고 나니, 이제까지 내가 만나고 알고 지내던 사람들 가운데 행복한 모험가 집단에 속한 사람들을 추려내고 채용할 수 있게 되었다. 이들은 확실히 내가 꼭 필요로 하는 적임자들이었다.

그리고 또 하나. 그 적임자들은 또 다른 적임자들을 여럿 알고 있다는 사실이다. 그들은 자신의 친구나 룸메이트들을 데리고 와 내게 선을 보이곤 했는데, 그들 각자의 분위기는 다 달랐다. 행복에 넘친 사람도 있고, 뭔가에 굶주린 듯한 사람도 있고, 일벌레 스타일도 있고, 몸소 실천하는 스타일의 사람도 있었다.

내가 가장 중요하게 여긴 것은 기업가정신이었다. 뭔가 가능성을 모색하고, 그 가능성을 향해 돌진하는 과감한 용기와 자신감, 그리고 광기를 가진 사람들을 내 주변에 포진해 놓고 싶었다. 나는 행복하고happy, 뭔가에 굶주려 있고hungry, 열심이고hardworking, 몸소 실천하는hands-on

사람들에 의해 둘러싸여 있기를 바랐다. 우리는 이를 4H 라고 불렀다.

그 가운데 핵심 직원 다섯 명을 데리고 다시 바닷가에 있는 오두막에 함께 갔다. 그중 한 사람이 제시 코르잔Jesse Korzan이다. 그는 창업자의 마인드를 가진 사람이었다. 지금도 생생하게 잊히지 않는 것은 몇 년 후 제시와 닉 우드Nick Wood가 말도 없이 잠시 밖으로 나가더니 1-800-GOT-JUNK?라는 문신을 새기고 들어왔을 때의 충격이었다.

그들은 술도 마시지 않았다.

제시와 닉은 나의 회사를 자신들의 것으로 만들기로 결심한 사람들이었다.

그들은 성공을 불러올 사람들이었다. 제시와 닉은 독자들에게도 꼭 필요한 부류의 사람들일 것이다.

나는 짐 콜린스Jim Collins가 쓴 『좋은 기업을 넘어 … 위

대한 기업으로 Good to Great』라는 책을 자주 읽었다.

그 책에서 저자는 모든 기업은 나름의 기업 가
치관을 가지고 있으며 이 가치관을 직원들과 공유
하는 것이 매우 중요하다고 주장하고 있다.

나는 직원들에게 짐 콜린스의 주장을 이야기했다. "짐
콜린스가 자신의 책에서 이렇게 말했습니다. '당신의 가
치는 당신이 무엇이 되기를 원하는가에 있는 게 아니라,
당신이 누구인가에 의해서 결정된다.' 여러분들이 얼마
나 정직하든, 우정을 소중하게 생각하든 그렇지 않든, 우
리가 스스로를 무엇이라고 생각하고 있는가가 아니라,
우리가 기업으로서 무엇인가에 의해 결정된다는 것입니
다. 그렇다면 우리의 가치는 무엇인가요?"

그러고 나서 그들에게 포스트잇 종이를 충분히 나눠
준 후 "이제 우리가 누구이며, 우리 회사가 무엇인지 생
각나는 대로 얼마든지 적어 보세요. 대신 포스트잇 한
장에 하나씩만 적어야 합니다."라고 말했다. 그리고 그

것들을 바다가 내다보이는 투명한 유리 창문에 붙였다. 그 유리창에는 무려 400개의 포스트잇 종이가 붙어 있었다.

내가 말했다. "자, 이제 이것들을 몇 개의 그룹으로 분류해 봅시다."

두 장의 포스트잇에 비슷한 단어가 중복되어 있다면 그것은 하나로 묶었다. 얼마 지나지 않아 몇 개의 포스트잇 그룹이 만들어졌다. 한 시간쯤 만에 400개나 되는 단어들이 네 가지의 그룹으로 묶였다. 이 네 가지는 각각 다음과 같았다:

- 열정Passion
- 정직Integrity
- 프로정신Professionalism
- 공감Empathy

나는 그들에게 말했다. "이것이 우리 회사의 가치인 듯합니다." 모두가 공감했다. 이제 확실해졌다.

"PIPE는 우리 회사의 정신입니다."

PIPE는 위 네 가지 단어의 첫 글자를 딴 것이다.

앞으로는 이 네 가지의 정신에 맞지 않는 직원은 절대 뽑지 않겠다고 스스로 다짐했다.

이것을 다른 말로 바꾸면, 또 다른 제시와 또 다른 닉을 찾아보겠다는 말이었다.

7장
끊어졌다/다시 이어졌다

돌이켜 보면 폴과 나는 서로에게 무관심한 적은 없다. 서로 강한 감정으로 연결되어 있었다. 처음에는 서로에게 느끼는 감정이 매우 부정적이었다. 그러나 누군가가 밖에서 누른 스위치에 즉시 반응이라도 하듯 그 감정은 일순간에 긍정적으로 바뀌었다. 그것은 "가능성"이라는 스위치였다.

폴 가이Paul Guy라는 친구가 있다.

나는 "청년기업가모임YEO"에서 캐머런 헤럴드Cameron Herold라는 친구를 만났는데, 캐머런이 폴을 내게 소개해 준 것이다. 캐머런은 College Pro Painters라는 회사의 중역이었는데, 당시 나는 이 회사에 대해 크게 감탄했었다. 이 회사는 여러 곳에 프랜차이즈 자회사를 운영하며 집에 새로운 칠을 하고자 하는 집주인과 칠과 그림에 소질 있는 대학생들을 연결해 주었다. 각 프랜차이즈 자회사들이 순조롭게 운영되면, 3자가 모두 이익이었다. 즉, 학생들은 학비를 마련해서 좋고, 집주인은 집이 멋지게 변하니 좋고, 회사는 돈을 벌게 되니 좋았다.

당시 캐머런과 내 사업을 프랜차이즈화하는 방안에 관해 얘기를 하고 있었다. 캐머런이 말했다. "그래? 프랜차이즈 사업에 대해 해박한 지식과 경험을 가진 사람이 필요하겠군? 폴 가이라는 친구를 한번 만나보게. 자네가 원하는 바를 실행에 옮기는 데 큰 도움이 될 거야."

나는 폴을 만났고, 우리 회사에 영입했고, 2년 정도를 함께 일했다. 원래는 College Pro Painters를 모델로 삼아서 대학생들을 고용할 생각이었다. 그러나 폴과 나는 자주 엇박자가 났다. 그는 때때로 나의 결정에 반발하기도 했고, 때로 그의 반발에 개인적 감정이 섞여 있는 것처럼 느껴지기도 했다. 우리는 자주 충돌했다. 그 때문에 학생들을 고용하여 프랜차이즈 자회사망을 개척한다는 당초의 계획은 제대로 진척되지 않았다. 대신 종일 근무가 가능한 일반인을 고용한 프랜차이즈망 구축을 고려

하기 시작했다. 그러나 무엇을 해야 할지 확신이 서지 않았다. 돌이켜 보면 참으로 스트레스를 많이 받았던 시기였다.

당시 회사에서 폴의 방은 내 방 바로 맞은편에 있었다. 바로 앞에 있으니 충돌은 심할 수밖에 없었다. 당시 무엇 때문에 그랬는지는 모르지만, 산꼭대기에서 서로 들이받아 상대를 밀어내는 싸움을 벌이는 숫양과도 같은 심정으로 폴의 방으로 들어갔다. "폴, 자네도 알다시피 우리의 일은 그렇게 순조롭지 않은 것 같네."

그는 말했다. "그래?"

"응, 정말로."

"그럼 어떻게 하자는 거야?"

나는 말했다. "우리가 더는 함께 일하기 어려울 것 같아."

"그래? 나를 해고하겠다는 거지?"

"그래, 해고야."

"그럼 내가 언제까지 회사를 떠나주면 좋겠어?"

"지금 당장이라도 좋아."

폴은 아무렇지도 않다는 듯 말했다. "그러지, 뭐."

나도 마음이 불편한지라, 그날은 외출해서 회사로 돌아오지 않았다.

황당하게도 폴은 그다음 날에도 아무 일 없었다는 듯 출근했다. 왜 그러는지 이해할 수 없었기 때문에, 나는 가급적 그와 마주치지도 않고 애써 무시했다. 그런데도 전혀 그만둘 생각이 없는 듯 아주 태연하게 근무를 하고 있었다. 뒤에 알게 된 것이지만, 그가 바로 회사를 그만둘 경우 이미 모집해 둔 대학생 프랜차이즈 자회사 지원자들이 마음에 걸렸었다고 한다. 어쨌든 그는 이틀간이나 아무 일 없다는 듯 정상 출근했다. 사흘째 되는 날, 나는 다시 그의 방으로 그를 찾아갔다. "폴, 자네는 니콜을 만나기 위해 자주 토론토를 오가야 하지? (니콜은 당시 폴의 여자 친구였고, 지금은 그의 아내이다.) 차라리 토론토에서 1-800-GOT-JUNK?의 토론토 자회사를 세워 운영하는 게 어때? 우리 회사 최초의 풀타임 전업 프랜차이즈 자회사 사장이 돼 보는 거야."

그는 나를 보더니 빙그레 웃었다.

나도 마주 보며 웃었다.

이렇게 해서 그와 나 사이에 또 하나의 가능성이 열렸다.

나는 폴의 열정과 정직함, 프로정신, 그리고 공감 능력PIPE을 의심하지 않았다. 나를 힘들게 한 것은 그의 대화 스타일이 나와 많이 달랐기 때문이었다. 새로운 가능성이 열리던 그때 나는 생각했다. "나는 이 친구를 3일 전에 해고했지만, 그는 떠나기를 거부했다." 그것이 그를 조금은 다시 보게 되는 계기가 된 것이다.

폴도 내 생각을 알아차린 것 같았다. "좋아, 그렇게 해 보자고."

끊어질 듯했던 우리 관계는 폴을 1-800-GOT-JUNK? 최초의 전업 프랜차이즈 자회사 사장으로 세우는 계획을 앞에 놓고 다시 이어졌다. 그로부터 며칠 동안 우리는 이 계획에 대해 많은 대화를 나누었다. 2년간 서로 으르렁거리고 열 받았던 기억을 뒤로하고, 우리는 절친한 친구가 되었다.

라이벌 관계에 있었던 사람과 친구가 된 경험이 있는
가? 당신도 그런 경험이 있을 것이다.

자석 두 개를 가지고 놀아본 기억이 있는가? 같은 극끼
리 나란히 놓으면 자석은 서로 밀친다. 그러나 다른 극과
엇갈려 놓으면 두 자석은 찰싹 달라붙는다. 떼어 놓기 힘
들 정도로 달라붙는다.

강한 감정의 반대는 무관심이다.

돌이켜 보면 폴과 나는 서로에게 무관심한 적은 없다.
서로 강한 감정으로 연결되어 있었다. 처음에는 서로에
게 느끼는 감정이 매우 부정적이었다. 그러나 누군가가
밖에서 누른 스위치에 즉시 반응이라도 하듯 그 감정은
일순간에 긍정적으로 바뀌었다.

그것은 "가능성"이라는 스위치였다.

내가 이 일을 이야기하는 이유는 당신을 늘 괴
롭히는 라이벌을 가장 강력하고 헌신적인 동지로
만들 확실한 기회가 분명히 온다는 사실을 강조
하고 싶어서이다. 상대에 대한 강렬한 감정을 가

능한 미래에 대한 공통의 비전으로 바꿀 필요가
있다.

✎ NOTE 4 가능성은 모든 모험의 시작이다.

    대학생들을 파트타임 프랜차이즈 점장으로 고용한 적
은 있지만, 폴은 1-800-GOT-JUNK?의 첫 번째 풀타임
전업 자회사 사장이었다. 그는 내가 사용하던 것과 똑같
은 덤프트럭을 한 대 주문했다. 그 트럭에 이삿짐을 싣고
토론토로 향했다.

    그가 가진 모든 물건을 싣고 토론토로 떠난 것이다.

    그리고 밴쿠버에서 토론토로 덤프트럭을 몰고 가는
그의 영웅적인 모험의 아침이 밝았다. 미국으로 말하면
LA에서 뉴욕으로 옮겨 가는 것만큼이나 전혀 다른 곳으
로의 이동이었다. 뭔가 새로운 것이 마술처럼 시작된 것
이다. 이것이 영화라면 아마 이 대목에서 멋진 주제음악

이 흘러나왔을 것이다.

그런데 그 음악은 그가 애버츠퍼드에서 내게 전화를 걸면서 끝나고 말았다. "트럭 뒤에 실은 마케팅 자료를 몽땅 잃어버렸어." 트럭에 실은 짐을 묶은 천이 헐거워져 자료가 담긴 박스가 날아가 버린 것이다.

내가 이 일을 독자들에게 말하는 것은 다 이유가 있다. 독자들도 머지않아 무언가를 하면서 호머 심슨처럼 손바닥으로 자기 이마를 치면서 "뜨악$_{D'oh}$"하고 비명을 지를 일이 있을지 모른다(옮긴이 주—호머 심슨은 미국 애니메이션 〈심슨 가족〉의 주인공이다. 극 중에서 그는 당황스러운 일이 일어나면 D'oh라고 비명을 질렀는데, 한국어 더빙에서는 "뜨악"이라고 발음되었다).

이런 일이 생기면 당황하지도 말고 자책하지도 말라. 이런 순간도 당신이 즐겨야 할 모험의 일부이다.

당신이 현실에 만족하지 못하여 자신에게 "이건 그리 좋은 생각이 아닌 것 같아……."라고 말하고 있다면, 그것은 당신의 새로운 모험이 시작되었다는 확실한 신호의 하나이다.

트럭 짐칸의 천이 느슨하여 생긴 사건은 사건도 아니었다.

1999년 5월 29일의 일이었다. 전화벨이 울렸고 전화를 받았다. 폴이었다. "내가 트럭 한 대에 의지하여 북미주를 횡단하다시피 해서 토론토까지 왔어. 내 전 재산은 물론 형제들의 돈까지 끌어들여서 폐기물 처리업에 다 털어 넣었지. 그런데 토론토 시 당국이 폐기물을 무료로 처리해 주기로 했다는군!"

호머 심슨처럼 손바닥으로 이마를 치며 "뜨악"하고 소리칠 수밖에 없었다.

나도 워낙 당황스러웠기 때문에, 폴이 그 모습을 보지 못한 것이 얼마나 다행스러웠는지 모른다. 그러나 폴을 위해 내가 해야 할 역할은 함께 당황하고 놀라주는 것이 아니었다. 뭔가 그의 뒤를 든든히 받쳐줄 역할을 해야 했다. 이 문제를 함께 찬찬히 검토해 주고, 그를 격려해주는 것이 내가 할 일이었다. 일단 이렇게 말했다. "폴, 모든 게 잘 될 거야. 우리가 그 사업을 할 수 있는 길이 있을 거야. 밖으로 나가서 마케팅 활동을 시작해봐. 뭔가 상황이 호전될 것이라고 믿고, 확신을 가지고 시장을 개척해봐. 우리가 힘을 합치면 분명히 우리 사업의 돌파구가 열릴 거야."

누군가 재물을 필요로 하는 사람이 있다면, 그들에게 재물을 주어라. 그러면 당신도 재물을 얻을 것이다.

마찬가지로 격려가 필요한 누군가가 있다면, 그에게 용기를 불어넣어 주어라. 그러면 당신도 용기를 얻게 된다.

실제로 틈새는 얼마든지 있었다. 토론토 시 당국의 정책에도 불구하고 시민들에게 충분히 홍보되지 않아서 폐기물을 처분하려면 어디로 연락해야 하는지를 모르는 시민들이 많았다. 또 시 당국에서 하는 일은 여러 가지 조건과 제약이 있었다. 폐기물을 수거는 해주겠지만 수거반원이 지하는 물론, 집 안이나 차고, 심지어 집 정원 안으로 들어가는 정도의 수고를 하려고 하지 않는 등의 불편함이 있었다. 시 당국으로부터 무료 폐기물 수거 서비스를 받으려면 길가에 폐기물을 가지런히 쌓아 두고 폐기물 수거반원들의 비위까지 맞춰 줘야 했다.

나는 오히려 우리가 고객의 비위를 맞춰 주면 된다는 생각이 들었다.

지금 폴은 토론토에서 매월 수천 건의 폐기물처리업무를 수행하고 있다. 사실이다. 매월 수천 건이다. 고객들 입장에서 폐기물을 처리하는 사람들을 보면, 깨끗하고 윤기로 빛나는 트럭, 단정한 제복의 작업자, 그리고 고객은 손 하나 까딱하지 않아도 되는 헌신적인 풀 서비스를 받게 되는 것이다. "우리 회사의 직원들은 다락에도 올라가고, 지하실도 기어 들어갑니다. 헛간과 창고도 가리지 않습니다. 고객님들께서는 폐기물이 어디에 있는지만 알려 주시면 나머지는 우리가 다 알아서 합니다."

그러나 폴 모험의 여정에서도 큰 실수가 있었다고 여겨질 만한 순간이 있었다는 것은 인정하고 넘어가야 할 것 같다. "의기양양하게 토론토를 향해 트럭을 몰고 떠나기 전에, 토론토 시가 폐기물처리 무료 서비스를 시행할 예정이라는 사실을 미리 알 수 있지 않았을까? 사실 전화 한 통화만 걸어 보면 알 수 있는 일이었다."

그러나 그가 미리 전화를 걸지 않았던 것이 오히려 행운이었는지도 모른다. 미리 알았더라면 그는 시작도 하기 전에 촛불을 끄고, 꿈을 접고, 매월 수천 대분의 매출이 발생하는 일은 없었을 것이다.

폴 가이가 토론토에서 거둔 성공을 통해서 폐기물수거업이 밴쿠버에서만 통하는 사업이 아니라는 것이 확실해졌다. 또한 회사의 성공을 위해서는 장기적인 전업 풀타임 프랜차이즈 파트너가 필요하다는 점도 명확해졌다.

8장
니트로가 글리세린을 만났을 때

그림에 적절한 색깔을 입혀 그 그림을 완성하고, 그것을 실제로
달성하기 위한 세부 계획을 수립하는 데는 캐머런 헤럴드의 도
움이 컸다. 2006년까지 1억 달러의 매출을 올리는 것을 목표로
삼았지만 실제로는 그것을 초과 달성했다.

200만 달러 조금 밑돌던 전체 매출을 1억 달러로 늘리는 데 7년
밖에 걸리지 않았다. 캐머런 헤럴드는 그 시절에 필요한 최적의
최고운영책임자COO였다.

내가 청년기업가모임에 가입한 직후부터 캐머런 헤럴
드는 나의 중요한 조언자 역할을 해 왔다. 그러던 어느
날, 내가 횡설수설하며 비웃는 듯 말을 했고, 그가 정색
하며 "브라이언, 더는 자네를 위해 일하지 못하겠어."라
고 말했던 순간을 기억한다.

당시 폴과 나는 토론토와 밴쿠버에서 매년 2백만 달러
조금 밑도는 매출을 올리고 있었다. 나는 캐머런에게 말

했다. "자네가 폴 가이를 나에게 소개해 준 것은 정말 고마운 일이야. 아예 자네도 우리 회사에 들어와서 회사를 함께 키워 봤으면 좋겠어. 자네는 Boyd Autobody 회사와도 그렇게 했었고, College Pro Painters의 기적 같은 성장에도 크게 기여하지 않았나? 나도 자네의 능력이 필요해."

당시 나는 2006년 말까지 250개의 프랜차이즈 자회사를 세워 1억 달러의 매출을 달성한다는 목표를 세워 놓고 있었다.

그는 말했다. "좋아. 시급 75달러에 컨설팅을 해주지. 대신 정식 직원으로 고용되기보다는 단기 계약이 좋겠어."

그로부터 몇 주일 동안 우리는 함께 일하면서 늘 즐거웠고, 일의 진행도 빨랐다. 어느 날 그가 말했다. "얼마 전에 내가 자네하고 더는 일을 같이 못 하겠다고 말했던 거 기억하나?"

"당연히 기억하지."

"자, 이제 내 생각이 바뀌었네."

나는 그의 결혼식에 들러리로 참석했고, 그는 우리 회사의 최고운영책임자COO; Chief Operating Officer로 활약했다. 지금도 나는 그와 처음 함께 일했던 때의 교훈을 잊지 못한다. 그래서 나는 늘 그를 내 가까이에 두고 싶어 한다.

캐머런과 나는 의기투합했지만 가까이서 함께 하기는 쉽지 않았다. 그 역시 나만큼이나 회사에 대한 주인의식이 강한 사람이었기 때문에 자주 열정과 열정이 충돌했다. 우리에게는 파란색과 초록색 피가 흐른다고 할 정도였다(옮긴이 주—1-800-GOT-JUNK?의 로고와 트럭, 유니폼은 모두 파란색과 초록색 계통의 디자인을 사용하고 있다). 나도 그도 어지간해서는 1-800-GOT-JUNK?의 유니폼 조끼를 벗는 일이 없었다.

이런 두 사람이 최고경영층에 함께 있는 것은 때로는 위험한 일이다.

매우 위험한 일이다.

우리는 5장에서 미래에 대한 생각을 종이에 두서없이 적어 보는 방식으로 미래의 모습을 그려보는 일이 얼마나 중요한지 얘기한 적이 있었다. 그래서 나는 그 가운데 하나를 예로 들어 그것이 어떤 모습을 보여주고 어떤 소리가 나는지 보여주고 싶다.

미래에 대한 그림을 그려 본다는 것은 미래에 일어났으면 하는 상상을 마치 이미 실제로 일어난 일처럼 적는 일이다.

다른 말로 설명하자면, 미래를 묘사하는 글을 현재 시제로 쓰는 것이다.

예를 들어서 지금 우리 회사는 밴쿠버와 토론토를 포함한 불과 몇 개의 도시에서 나름대로 성공을 거두고 있을 뿐이지만, 미래의 꿈을 담아서 "1-800-GOT-JUNK?는 북미 모든 지역에서 폐기물 수거업의 대명사이다."라고 쓸 수 있다.

이렇게 현재 시제의 문장을 통해 미래에 대한 바람을 말하고 적어 보면, 우리의 뇌는 목표를 정확하게 감지할 수 있기 때문에, 만일 당신의 행동이 그 목표에서 벗어나게 된다면 당신의 뇌는 재빨리 이를 알아차리고 당신에게 경고의 신호를 보낼 수 있다.

우리는 4년마다 미래에 대한 그림을 다시 그렸다.

이것은 매우 중요한 작업이다.

나는 그때 그린 그림을 지금 독자들에게 그대로 공개하고 싶다.

비전

1-800-GOT-JUNK?의 비전은 리더십을 통해 성장하는 것이다. 1998년에 설정한 우리의 단기 목표는 2003년까지 북미지역 30개 대도시에 사업을 진출시키는 것이었다.

우리의 미래 그림이라고도 부를 수 있는 우리의 비전은 2003년 말쯤 우리가 어떤 모습을 하고 있을까 하는 이미지를 언어로 서술한 것이다. 1-800-GOT-JUNK?는 북미 지역에서 폐기물 수거업계의 대명사이다. 시 당국의 폐기물 수거요원들은 접근도 꺼리는 곳까지 1-800-GOT-JUNK?는 간다.

현재

1-800-GOT-JUNK?는 현재 북미주 30개 대도시에 118개의 프랜차이즈 지사를 운영하고 있다.

성장을 점검하기

자체 점검 결과 고객들은 선불요금제와 정시 서비스 약속에 대해서 좋은 인상을 받은 것으로 나타났다. 그들은 예약, 출동과 도착 전 전화 알림 서비스, 잘 짜인 작업별 견적체계, 그리고 수거 후 뒷정리에 이르기까지 체계가 잘 잡혀 있다고 평가했다. 재주문고객에 의해 만들어지는 매출의 비중이 전체의 절반을 넘었고, 당연히 입소문도 좋게 나면서 1-800-GOT-JUNK?는 폐기물 수거 업계의 선두기업으로 자리 잡았다.

우리 사업의 흐름은 초시계처럼 읽기 쉬웠다. 보고서는 간결했고, 쉽게 요약되어 있다. 프랜차이즈 파트너들에게는 무엇이 잘 되고 있고 어느 부분이 잘 안 되고 있는지, 어디에서 이익이 나고 있고 어느 부분이 미진한지, 언제 어느 부분이 개선되었는지를 일목요연하게 보여주고 있다.

이미지

우리의 이미지는 하나로 모이고 있었다. 고객과 직원, 언론, 그리고 투자자들에 이르기까지 모두가 의외로 깨끗하고 번쩍이는 트럭과 깨끗하고 단정한 유니폼, 그리고 매력적이고 인상적인 1-800-GOT-JUNK? 브랜드를 구성하는 모든 요소에 주목했다.

미디어

매년 90%가량의 매출 성장을 달성한 데는 미디어의 덕도 있었다. 《로이터》나《AP》같은 주요 통신사들이 보도한 우리 회사의 이야기가 북미주 전체로 퍼졌다.

시스템

적절한 시스템은 회사의 성장과 프로그램 발전의 핵심 요소로 간주되었다. 사업의 모든 영역에서의 완전한 시스템화를 위해서 노력한 결과 효율과 이익 극대화 모두를 달성할 수 있었다.

우리의 채용시스템은 적재적소에 필요한 인재를 끌어들였다. 우리의 시스템과 이미지는 자신을 우리의 비전과 임무의 일부라고 자부하는 팀원들을 끌어모으는 데 큰 도움이 되었다.

1-800-GOT-JUNK?는 혁신을 가르치고 독려하고 결과에 보답했다. 본사의 직원들과 프랜차이즈 파트너들은 우리의 종합적인 작업 매뉴얼과 훈련시스템에 따라 지속적이고 철저한 훈련을 받았다. 프랜차이즈 지사의 직원들도 본사와 차별 없이 똑같이 철저한 훈련을 받았다.

지원센터

고객지원센터는 열정에 넘치는 최고의 직원들이 근무하는 아주 흥미진진하고 정신없이 바쁜 곳이다. 각각의 프랜차이즈 파트너당 한 명씩 담당 직원이 맡아 자신이 관할하는 지역 전체의 상황을 계속 살핀다. 전화와 팩스, 혹은 인터넷망을 통해 적절한 지시와 대응사항이 특정 파트너의 지역 내에서 일하고 있는 담당 팀으로 수시로 전달된다. 이로 인해 규모가 작은 회사에서나 가능한 사소하고 개인적인 서비스까지 고객들에게 제공할 수 있게 된다.

자문위원들의 조언 기구

우리는 고문위원회(MBA: Mentor Board of Advisors)라고 불리는 자문기구를 만들었다. 이 기구는 우리의 모든 업무과정을 도표로 만들고 그것을 계속 유지하고 상황 변화에 맞춰 그것을 수정하는 일을 한다. 그리고 각각의 팀마다 멘토가 있어서 각 팀과 팀원은 자신의 멘토에게 조언을 구할 수 있다.

2003년 이후

2003년 말이 다가옴에 따라 우리는 중기 계획을 다시 설정한다. 2006년 말까지 250개의 프랜차이즈 지사망을 구축하여 체계적인 영업활동을 통해 연 매출 1억 달러를 달성한다는 것이 그것이다.

◇◇◇◇◇◇◇◇◇◇◇◇◇◇◇◇◇◇◇◇◇

그리고 그것은 달성되었다!

그림에 적절한 색깔을 입혀 그 그림을 완성하고, 그것을 실제로 달성하기 위한 세부 계획을 수립하는 데는 캐머런 헤럴드의 도움이 컸다. 2006년까지 1억 달러의 매출을 올리는 것을 목표로 삼았지만 실제로는 그것을 초과 달성했다.

200만 달러 조금 밑돌던 전체 매출을 1억 달러로 늘리는 데 7년밖에 걸리지 않았다. 캐머런 헤럴드는 그 시절에 필요한 최적의 최고운영책임자COO였다.

9장
열정은 전염된다

> 그러던 어느 날, 타일러가 미친 듯이 괴성을 지르며 회사의 이
> 방 저 방을 뛰어다녔다. "드디어 해냈어. 내가 해냈어." 모두
> 가 황당하다는 듯한 표정을 지으며 그를 바라보았다. "대체 무
> 슨 일이야? 타일러, 저 사람, 갑자기 왜 저러는 거야?" 도무지 영
> 문을 모르겠다는 듯한 표정으로 그를 바라보고 있는 직원들 앞
> 에서 그는 소리쳤다. "오프라! 오프라! 오프라 쇼에 나가기로
> 했어."

내가 톰 리프마Tom Rypma를 만났을 때 그는 29세였다.
1-800-GOT-JUNK?가 캐나다판 《포천Fortune》지라고 할
수 있는 《프로핏Profit》지의 표지를 장식했다. 톰은 우연
히 우리 회사에 대한 기사를 읽고 직접 전화를 건 것이
다. "제가 밴쿠버에 갈 예정입니다. 기회가 된다면 뵙고
싶습니다."

황당하기도 하고 신선한 충격을 느꼈다. 나는 이 친구

가 그저 평범한 젊은이는 아닐 것이라고 생각했다. 그는 자신이 사는 캘거리에서 1-800-GOT-JUNK? 지사를 열고 싶어 했다. 그와의 대화가 무르익어 일이 거의 성사되기 직전에 이르렀을 즈음, 그가 내게 전화를 걸어 "제 친구 하나가 카약을 타다가 사고를 당해서 병원에 있습니다. 잠시 계획을 미루었으면 합니다."라고 말했다.

진정한 우정이 사업보다 중요하게 여겨졌던 모양이다. 후에 그는 샌프란시스코로 옮겨 그곳에서 의료 기기 영업 분야에서 큰 성공을 거두었다. 그런데도 그는 계속 우리 회사에 관심을 가지고 유심히 지켜본 것 같다. 우리 회사가 계속 성장하는 것을 멀리서 보면서 자신도 기분이 좋았다고 한다. 그러던 어느 날, 그는 다시 내게 전화를 했다. "지금 저는 샌프란시스코에 있는 꽤 큰 회사에서 상당히 인정을 받고 있습니다. 그러나 저는 이 상황에 만족하고 싶지 않습니다. 1-800-GOT-JUNK?를 샌프란시스코에 진출시켜 보는 건 어떻습니까?"

톰은 실제로 1-800-GOT-JUNK?의 샌프란시스코 지사를 설립했다. 그곳에서 그의 성공은 많은 이들의 관심

을 끌었다. 이 친구가 출마만 하면 샌프란시스코 시장에
도 당선될 수 있지 않을까 하는 생각이 들 정도였다.

왜 그는 잘나가는 직장을 버리고 새로운 일에 뛰어든
것일까?

제이슨 스미스와 데이브 로드웍, 폴 가이, 캐
머런 헤럴드, 그리고 톰 리프마. 이들은 새로운
1-800-GOT-JUNK?의 심장이고 영혼이라고까지
할 수 있는 사람들이었다. 행복하고happy, 뭔가에
굶주려 있고hungry, 열심이고hardworking, 몸소 실천하
는hands-on 마음. 바로 창업자의 심장을 가진 사람
들이었다.

간혹 창업자 정신을 가지고서도 자신의 기업을 경영하
지 않는 사람들이 있다.

《밴쿠버 프로빈스》지 1면에 나의 창업 기사가 실렸을
때의 일이다. 지역 유력지가 우리 회사의 기사를 실어준
것에 용기를 얻은 나는 미국으로 치자면 〈60분60 Minutes〉
이라는 토크쇼와 비슷한 캐나다의 TV 쇼인 〈더 저널The

Journal〉의 담당자에게 전화를 걸었었다. "프로그램 소재로 쓸 만한 괜찮은 스토리가 있습니다."

그들은 나의 이야기를 듣고 바로 기자와 카메라 팀을 보냈다. 그리고 우리는 전국에 방송되는 TV 채널의 황금시간대에 등장했다. "밴쿠버의 여름 아르바이트 시장은 굉장히 좁습니다……"라는 멘트로 시작된 프로그램이었다.

> **✍ NOTE 6** 당신의 이야기를 이메일로 설명하려 하지 말라. 전화를 들고 걸어서 말로 설명하라.

우리도 홍보부서가 있기는 했다. 그러나 2002년까지는 실제 담당 직원은 단 한 명이었다.

그의 이름은 타일러 라이트Tyler Wright였고, 이전에 다른 곳에서 홍보 담당 업무를 전혀 해 본 경험이 없는 사람이었다.

타일러는 키가 매우 크고 마른 젊은이였지만 에너지가 넘치는 친구였다. 그가 있는 곳에서는 누구도 그의 존재를 느끼지 않을 수 없다. 나는 지금까지 내가 어떻게 미디어가 우리 회사에 관심을 갖고 기사화하도록 했는지 나름의 비법을 설명해주고 새로운 목표를 부여해 주었다: 그것은 우리 회사를 〈오프라 윈프리 쇼〉에 등장시키라는 것이었다.

〈오프라 윈프리 쇼〉에 출연하겠다는 것은 내가 어느 날 바닷가의 오두막에서 끄적거린 여러 가지의 희망 사항 가운데 하나였다. 나는 "상상해 봤나?"라고 적힌 패널을 벽에 붙여 놓았다. 그로부터 며칠간 그 벽을 본 사람들은 누구나 물었다. "이게 무슨 말이야? 뭘 상상한단 말이야?"

그 벽에 적어 놓은 문구에 대한 사람들의 관심이 뜸해질 즈음에 나는 그 문구를 고쳐 붙였다. "〈오프라 윈프리 쇼〉에 출연하는 장면을 상상해 봤나?" 그리고 그 패널 아래 유성 펜을 몇 개 놓아두었다.

그러자 얼마 지나지 않아 로리 바기오Laurie Baggio라는 친구가 펜을 들더니 내가 적은 문구 아래 여백에 "오스트레일리아에 1-800-GOT-JUNK?가 진출하는 것을 상상해 봤나?"라고 적었다. 그로부터 4년 후, 우리는 오스트레일리아에도 프랜차이즈 지사를 설립했다.

어린아이들은 부모로부터 벽에 낙서하지 말라는 말을 수없이 듣는다. 그러나 어른들에게 가능한 미래에 대한 빛나는 비전을 나누어 주려면, 벽에다 낙서하는 것을 허용하는 것도 좋은 방법이 된다.

다른 직원들도 대단하고 기발한 아이디어를 적어 놓고, 그 아래 자신의 이름을 써 놓았다. 제시와 닉이 자신의 몸에 1-800-GOT-JUNK?라는 문신을 새김으로써 회사에 대한 주인의식을 과시했듯이, 그들은 그런 방식으로 회사에 대한 애착과 주인의식을 보여 주었다.

나는 타일러가 벽면의 패널 앞에 서서 "〈오프라 윈프리 쇼〉에 출연하는 장면을 상상해 봤나?"라는 문구를 읽는 모습을 거의 매일 보았다. 그는 희미하게 고개를 끄덕이곤 했다. 아마도 스스로 암시를 걸었을 것이다. "이 일은 언젠가는 분명히 일어난다."라고.

그리고 나서는 천천히 벽에서 멀어져 자신의 책상으로 돌아와서 전화 헤드셋을 쓰고 그 위에 파란 곱슬머리 가발을 썼다. 상상해 보라. 키가 아주 크고 비쩍 마른 친구가 16.5사이즈의 큰 신발을 신고 파란색 가발을 뒤집어 쓰고 앉아 있는 것이다.

타일러는 전화로 상대와의 이야기에 몰입하면 서서 말을 하는 버릇이 있었고, 파란 가발을 쓴 채로 뭔가에 미친 듯한 모습을 보여주곤 했다. 그런 식으로 미국과 캐나다의 온갖 크고 작은 매체를 상대로 열변을 토하고, 또 토해 냈다. 그는 그런 노력의 결과로 많은 이야깃거리를 만들어 냈다.

그러던 어느 날, 타일러가 미친 듯이 괴성을 지르며 회사의 이 방 저 방을 뛰어다녔다. "드디어 해냈어. 내가 해

냈어." 모두가 황당하다는 듯한 표정을 지으며 그를 바라보았다. "대체 무슨 일이야? 타일러, 저 사람, 갑자기 왜 저러는 거야?" 도무지 영문을 모르겠다는 듯한 표정으로 그를 바라보고 있는 직원들 앞에서 그는 소리쳤다. "오프라! 오프라! 오프라 쇼에 나가기로 했어."

우리는 모두 다 비슷한 생각을 했다. "진짜로?" 타일러는 숨을 헐떡이며 중얼거렸다. "〈오프라 윈프리 쇼〉 제작진이 우리더러 내일 오전 6시까지 로스앤젤레스로 오래."

그제야 우리는 그의 말이 사실이라는 것을 믿기 시작했다. 그리고 회사는 축제 분위기에 빠졌다. 지금도 벽에 귀를 대면, 그때 온 회사에 가득 찼던 환희의 비명이 울려 나올 것 같은 착각에 빠지곤 한다.

✎ **NOTE 8** 일반적인 것보다는 구체적인 것이 더 신뢰할 만하다.

그가 "오프라 쇼에 나가기로 했어."라고 말할 때만 해도 우리는 반신반의했다. 그러나 이어서 그로부터 "내일 오전 6시까지 로스앤젤레스로 오래."라는 말을 듣고는 비로소 그것이 사실임을 실감했다.

몇몇 사람들은 재차 확인이라도 하고 싶다는 듯이, "가만, 무슨 말이야? 내일 아침 6시까지 로스앤젤레스에 가야 한다고?"라고 되물었다.

타일러는 눈시울이 붉어져 두 손을 무릎에 올리고, 숨을 헐떡이며 앞으로 기댄 채 어쩔 줄 몰라 했다. 그가 할 수 있는 것이라고는 고개를 끄덕이는 일밖에 없었다.

이제 우리는 이심전심으로 서로를 쳐다보았다. 우리는 눈으로 똑같은 이야기를 주고받고 있었다. "로스앤젤레스에는 아직 우리 프랜차이즈 지사도 없고, 우리 회사 로고가 박힌 트럭 한 대도 없어. 게다가 이곳 밴쿠버에서 그곳까지는 무려 2,000킬로미터나 떨어져 있어."

타일러가 모두에게 모여 보라고 손짓했다. 그는 숨을 고르면서 말했다. "리얼 다큐멘터리를 찍겠다는 거야. 온갖 물건들을 하나도 버리지 못하고 집 안에 쌓아 두고 사는 좀 나이 든 여성이 있어. 그 여성의 딸의 부탁을 받고 그 여성의 집을 치워 주는 과정을 촬영하는 거야. 그 여성은 침실 하나짜리의 작은 아파트에 살고 있어. 집 안이 쓰레기로 가득 차서 밤에 잠잘 공간도 제대로 없는 그런 아파트야."

내 마음 한편에 있는 냉정한 이성은 나에게 이렇게 말했다. "지금 당장 출발해도, 내일 새벽 6시까지 로스앤젤레스에 도착하는 것은 불가능하다." 그러나 내 마음 다른 한편에 있는 푸른 가발의 두뇌는 이렇게 말했다. "타일러가 기적 같은 섭외를 해 냈다. 무슨 수를 써서라도 출연해야 한다. 포기해서는 안 된다." 그 순간 푸른 가발의 두뇌는 간단하고 쉬우면서도 기발한 생각을 해 냈다. "샌프란시스코의 톰 리프마가 있잖아. 그에게 당장 출발하라고 연락하자. 그러면 6시까지 충분히 도착할 수 있다."

이성에 귀를 기울이기보다는 푸른 가발의 두뇌에 귀를 기울여라.

102

밴쿠버 본사에서 몇몇이 급히 공항으로 가 로스앤젤레스행 비행기를 탔고, 6시에 맞춰서 샌프란시스코에서 트럭을 몰고 온 톰 리프마와 〈오프라 윈프리 쇼〉의 제작진을 만났다. 그리고 그 여성의 집을 치우기 시작했다. 그리고 며칠 후 나는 시카고로 가서 스튜디오에서 오프라 윈프리와 마주 앉아서 우리 회사의 직원들이 작업하는 모습이 촬영된 동영상을 보며 이야기를 나누는 장면을 녹화했다. "브라이언 스쿠다모어." 오프라 윈프리가 내 이름을 불렀을 때, 오랫동안 기다려왔던 시간이 시작되었다.

타일러 라이트가 모두가 불가능하다고 여겼던 일을 성사시킨 것을 계기로 우리 회사의 모든 직원은 "상상해 봤어?"로 시작되는 수많은 문구가 적혀 있는 벽의 위력을 새삼스럽게 실감하기 시작했다.

10장
푸른 가발은 당신이 있는
어느 곳에나 있다

중요한 것은, 우리는 라스베이거스에 성공적으로 데뷔했고, 수천 명의 사람이 우리 때문에 팔에 1-800-GOT-JUNK? 문신을 새기고 다녔으며, 그 문신이 또 다른 수천 명의 눈에 띄면서 우리는 화제의 중심에 서게 되었다는 것이다.

우리는 모든 프랜차이즈 파트너는 물론 우리 자신에게, 이런 식의 게릴라 마케팅이 어디에서나 통할 수 있다는 것을 보여 주었다.

이번 장을 통해서 내가 독자들에게 던져 주고 싶은 교훈이 무엇인지 미리 말하자면 이것이다.

> ✍ **NOTE 9** 해야 할 일이 무엇인지 뒤늦게 깨닫는 경우도 있다.

언론을 통한 홍보는 광고비를 별도로 지출하지 않으면서도 많은 프랜차이즈 파트너들을 모을 수 있었다. 우리의 수완이 좋은 파트너들 가운데 한 명인 닉 우드Nick Wodd는 자신과 비슷한 6명의 파트너로 프랜차이즈 자문위원회 비슷한 모임을 만들어 우리가 했던 일과 하지 않았던 일의 결과를 분석해 주었다. 그들의 분석 결과는 이랬다. "우리 회사는 좀 더 빨리 성장할 수 있었다. 지금처럼 언론이 우리 회사를 취재해 기사로 써주기를 유도하는 게릴라식 홍보 방식에서 벗어나 광고를 포함한 좀 더 전문적인 마케팅 기법을 도입할 필요가 있다. 좀 더 전문성 있는 홍보가 필요하다."

그것 말고도 여러 가지 지적이 있었다.

나는 그들에게 물었다. "뭔가 하지 않으면 안 된다는 데 동의합니다. 우리 회사의 브랜드 인지도가 가장 취약한 도시가 어디입니까? 또 홍보하기가 가장 힘든 곳은 어디입니까?"

"라스베이거스입니다. 그곳에서는 우리 회사의 로고가 전혀 눈에 띄지 않습니다."

나는 말했다. "라스베이거스에 가서 홍보전략 회의를 엽시다. 그곳에서 어떻게 하면 우리 브랜드 인지도를 한 단계 높일 수 있을지 의논해 봅시다. 뭔가 재미있는 일을 만들어 봅시다. 그리고 그곳 사람들의 주목을 끌 만한 일을 해 봅시다. 우리가 라스베이거스에서 성공한다면 북미주 어디에서도 성공할 수 있을 겁니다."

그리고 심각한 표정으로 프랭크 시나트라의 노래를 중얼거리듯 부르기 시작했다. "나는 잠자지 않는 도시에서 깨어나고 싶어. 그리고 내가 언덕의 왕이란 걸 알고 싶어. 무리의 꼭대기에 서 있는……"(옮긴이 주—프랭크 시나트라의 노래 〈New York New York〉).

타일러와 나, 그리고 몇몇 사람들이 아이디어를 모아 다른 사람들은 도저히 따라할 수도 없을 만큼 엉뚱한 생각을 해 냈다.

나를 포함한 열 명의 직원이 개당 3달러밖에 안 되는 곱슬머리 푸른 가발을 하나씩 샀다. 또 가슴과 등에 1-800-GOT-JUNK?라는 회사 로고가 새겨진 볼링셔츠를 제작하는 데 한 벌당 26달러를 썼다. 그리고 라스베이거스발 왕복 비행기 표를 샀다. 1인당 29달러씩 10명이니 도합 290달러와 왕복 비행깃값이 이번 홍보 활동비용의 전부였다.

그곳에 도착한 우리는 시내를 떼 지어 돌아다녔다.

> ✐ **NOTE 10** 그 곱슬머리 푸른 가발과 볼링셔츠를 한 명이 입고 다녔다면 아무도 주목하지 않았을 것이다. 그러나 10명이 단체로 움직이면 마법과 같은 노출 효과가 있다.

"당신들 록밴드인가요?"

"총각파티 하는 거예요?"

"뭐 하는 분들이에요?"

"우리가 모르는 뭔가가 있는 것 같은데? 뭘들 하시는 거죠?"라는 따위의 질문을 수없이 받았다.

우리는 하드 록 호텔Hard Rock Hotel 안으로 들어갔다. 이유는 건물 전체가 파란색 네온으로 번쩍거리고 있었기 때문이었다. 들어가 보니 우리를 제외하고는 모두 아르마니 정장을 입은 최고의 멋쟁이들이 오가고 있었다.

그들 사이에서 우리는 29달러짜리 얼간이들로 보였을 것이다.

불과 몇 분 지나지 않아 우리는 호기심을 참을 수 없어 하는 사람들에 의해 둘러싸였다. 사람들이 점점 몰려듦에 따라, 너무 멀리 있어 우리 모습을 제대로 볼 수 없는 사람들까지도 사람들이 모여 있다는 그 사실 때문에 덩달아 모여들었다.

 NOTE 11 군중을 불러 모으는 것은 군중이다.

우리는 미리 준비한 헤나(옮긴이 주―어느 정도 시간이 지나면 사라지는 임시 문신) 도구를 이용해서 그들의 팔에 1-800-GOT-JUNK? 문신을 새겨 주었다.

이 문신을 새기지 않으면 멋쟁이가 아닌 것처럼⋯⋯.

가능한 미래의 비전을 따라 하나로 뭉친 열 명의 친구들이 있었다―그게 전부이다.

그러나 대부분의 군중은 우리를 록스타 정도로 인식하기도 했을 것이다. 중요한 것은, 우리는 라스베이거스에 성공적으로 데뷔했고, 수천 명의 사람이 우리 때문에 팔에 1-800-GOT-JUNK? 문신을 새기고 다녔으며, 그 문신이 또 다른 수천 명의 눈에 띄면서 우리는 화제의 중심에 서게 되었다는 것이다.

우리는 모든 프랜차이즈 파트너는 물론 우리 자신에게, 이런 식의 게릴라 마케팅이 어디에서나 통할 수 있다는 것을 보여 주었다.

라스베이거스에서의 일을 마치고 밴쿠버로 돌아왔을 때쯤에는 밴쿠버에 연고를 두고 있는 아이스하키 팀인 밴쿠버 캐넉스 팀이 오랜만에 포스트시즌 플레이오프에 진출해 있었다. 타일러는 여러 언론에 전화를 걸어 우리가 캐넉스 팀 경기에 입장하는 관객들에게 파란 가발을 나눠 주어 우리가 캐넉스 팀과 함께하고 있으며, 그 팀의 플레이오프 진출을 진심으로 응원하고 있음을 보여줄 것이라고 알렸다.

우리는 경기장 전체가 푸른 가발의 혼으로 가득 차기를 바랐던 것이다.

타일러는 또 북미주의 모든 프랜차이즈 파트너들에게 전화를 걸어 파란 가발을 있는 대로 사 모아 보내라고 지시했다. 타일러는 경기가 열릴 때마다 파란색과 녹색이 섞여 있는 1-800-GOT-JUNK? 트럭에 2천 개의 가발을 싣고 가서 경기장의 캐넉스 팀 팬 부스 옆에 차를 댔다. 우리는 파란 가발을 나눠 주었다. 미리 캐넉스 팀과 조율된 사항은 아니었지만, 우리는 파란 가발을 나눠 주었고, 입장하던 관객들은 그것을 매우 좋아했으니 팀 관계자들도 굳이 우리를 저지할 이유가 없었다.

우리는 대관식에서 여왕의 머리에 왕관을 씌우듯 가까이에 있는 관객들의 머리에 파란 가발을 씌웠다. 가발을 받은 다른 관객들도 이를 보고는 자신의 머리에 가발을 썼다. 라스베이거스에서의 문신과 비슷한 효과가 벌어진 것이다. 가발을 받은 사람들 대부분이 즐거운 마음으로 가발을 썼고, 미처 가발을 받지 못한 사람들은 자신들에게도 달라고 요구했다.

매 경기 몇만 명의 관객들이 경기장을 가득 채웠고, 30명 가운데 한 명꼴로 네온 느낌이 나는 상당히 반짝이는 파란 가발을 쓰고 앉아 있었다.

현지의 주요 언론들은 다시 한 번 우리의 로고 겸 전화번호인 1-800-GOT-JUNK? 마크가 선명하게 찍힌 트럭 사진과 함께 우리 회사를 일제히 1면에 등장시켰다. 그것보다 더 놀라운 일은 경기 직전 경기장 주차장에서 벌

어졌다. 지역의 3대 TV 방송 뉴스가 일제히 우리 COO
인 캐머런 헤럴드와 광고책임자인 타일러를 6시 뉴스에
등장시켰고, 그들은 TV 앞에 앉아 있는 모든 시청자를
상대로 왜 관객들에게 파란 가발을 나눠 주었는지를 설
명했다.

이들 세 방송이 움직이자 다른 TV 방송국과 라디오방
송, 신문, 잡지들도 우리에게 경쟁적으로 취재요청을 했
다. 그해 아이스하키의 포스트시즌이 끝날 때까지 캐머
런과 타일러는 무려 60차례나 언론과 인터뷰를 했다.

후에 타일러는 CNBC 방송 출연을 성사시켰다. 마이
크 헤게두스는 CNBC의 〈왜 그걸 생각하지 못했지?Why
didn't I think of that?〉라는 프로그램의 책임자였고, 많은 이
로부터 사랑을 받는 방송인이었다. 그 마이크가 직접
1-800-GOT-JUNK?를 다룬 특집 프로그램을 촬영해
갔다.

타일러는 여기서 머물지 않고 또 한 번 사고를 칠 준비
를 하고 있었다. 우리 회사를 다룬 특집 프로그램의 방송
일정이 잡힐 때쯤, 타일러는 뉴저지 소재 CNBC 방송의

마이크 헤게두스 앞으로 커다란 상자 하나를 보냈다. 그 안에는 커다란 파란 가발 두 개와 1-800-GOT-JUNK? 유니폼 재킷 두 벌이 들어 있었다. 이 소포를 받은 헤게두스가 이것들을 어떻게 처리할지는 타일러도 알 수 없었다. 그러나 그는 일단 그걸 보내야 한다고 생각했다고 한다.

프로그램이 시작되고 미리 녹화된 짧은 화면이 방송된 후, 스튜디오에 있는 카메라가 마이크 헤게두스를 포함한 두 명의 진행자를 비추기 시작했고, 그는 말했다. "이 회사 사람들 정말 별난 사람들입니다. 며칠 전, 커다란 소포 상자 하나를 받았는데, 한번 열어 보겠습니다. 자, 보세요. 파란 가발이 두 개 들어 있고, 재킷도 두 벌 있네요!" 이어서 그는 재킷을 걸치고 함께하는 진행자에게도 입혀 주었다. 그리고 파란 가발을 쓰고 프로그램을 진행했으니, 프로그램 전체가 광고가 된 셈이다.

NOTE 13 열정은 전염된다.

11장
경영자의 이유

1-800-GOT-JUNK?에는 기업가가 되고 소유주가 되고 누군가의 고용주가 된다는 것이 어떤 의미인지를 배우고 싶어 하는 아주 훌륭한 사람들이 모여 있습니다. 우리는 크고 하나 된, 파란 가발의 팀으로 뭉쳐 미국과 캐나다, 그리고 오스트레일리아로 뻗어나가기 위해 막 탄력을 받고 있습니다. 회사를 팔아넘기고 나서 그 멋진 일을 성취할 기회가 다른 사람에게 넘어 가고, 회사가 다른 사람에 의해 운영되는 것을 멀리서 바라보는 일은 정말 재미없는 일입니다.

2007년이 될 때까지도, 나는 우리가 얼마나 더 성장할 수 있을지 잘 몰랐던 것 같다. 처음 내가 창업을 하면서 이렇게 열정적인 동료들을 만나서 회사를 이렇게 키울 수 있을 것이라고는 생각하지 못했다.

그러나 나는 이미 놀라운 성취를 이루어 냈다:
세계에서 가장 큰 폐기물 수거업체를 경영하게 된
것이다.

Waste Management라는 회사에서 나를 초특급 리조
트로 초대했다. 휘황한 조명과 휘파람 소리가 들리는 개
인 소유의 섬이었다. 전형적인 거부들의 모습이었다.

세 명이 일행이 되어 작은 배에 올라서 연어 요리를 기
다리던 중, 덩치가 큰 사람이 내게 말했다. "당신의 회사
를 인수하고 싶습니다."

"미안하지만 팔 생각이 없습니다."

"7500만 달러에서 1억 달러 정도까지 드릴 수 있습니다."

이 순간은 진실해야만 하는 순간이었다. 무엇을 할지
안 할지 말하기는 쉽지만, 말하기 전에 내가 하는 말의
의미를 정확하게 이해해야만 했다.

나는 늘 그랬듯이 나의 직감의 소리에 귀를 기
울이기로 했다. 그리고 팔지 말라는 소리가 들려
오는 것을 느꼈다.

"관심을 보여 주시니 정말 고맙습니다. 그리고 현재 우리 회사의 상황에 비하면 매우 높은 금액을 불러 주셨습니다. 그러나 우리는 이제 시작입니다."

그들은 서로 좀 혼란스러운 표정으로 바라보고 있었고, 나는 말을 이었다. "1-800-GOT-JUNK?에는 기업가가 되고 소유주가 되고 누군가의 고용주가 된다는 것이 어떤 의미인지를 배우고 싶어 하는 아주 훌륭한 사람들이 모여 있습니다. 우리는 크고 하나 된, 파란 가발의 팀으로 뭉쳐 미국과 캐나다, 그리고 오스트레일리아로 뻗어나가기 위해 막 탄력을 받고 있습니다. 회사를 팔아넘기고 나서 그 멋진 일을 성취할 기회가 다른 사람에게 넘어 가고, 회사가 다른 사람에 의해 운영되는 것을 멀리서 바라보는 일은 정말 재미없는 일입니다. 여러분들에게는 미안하지만, 지금 내가 가지고 있는 것을 절대로 놓고 싶지 않습니다."

솔직히 말하자면, 해안에서 몇 킬로미터 정도 떨어진 바다 위에 외따로 떠 있는 작은 배 위에서 두 명의 다른 폐기물 수거 회사 임원과 함께 있으면서, 그들의 제안을 정면으로 거부하기는 쉽지 않은 일이었다.

12장
상상할 수 없는

그 사건 이후, 우리는 전 세계의 프랜차이즈 파트너들이 모여 1
년에 한 번씩 여는 총회에서 타일러의 푸른 가발 정신을 가장
완벽하게 실천한 사람을 한 명 선정하여 상을 준다. 라이트의
길Wright Way Award이라고 명명된 이 상을 받는 것은 프랜차이즈
파트너의 최고의 영광이다. 그러나 매번 상을 수여할 때마다 참
석한 모든 사람들은 좀 숙연해진다.

타일러 라이트는 열렬한 도보 여행가였다. 지금 소
개하려는 일화는 그 나름의 이별의 방법이었다고 생각
한다.

타일러가 휴가를 내고 밴쿠버에서부터 휘슬러까지 장
거리 도보여행을 하겠다고 말했을 때, 그 얘기를 들은 모
든 사람은 그런가 보다 했을 뿐 다른 대수로운 생각을 하
지 않았다. 그러나 주말이 지난 뒤에도 그가 회사로 복

귀하지 않자, 회사가 술렁이기 시작했다. 우리는 너나 없이 당황하며, "타일러를 찾기 위해 타일러는 무엇을 했을까?"라는 생각까지 했다. 그리고 우리는 타일러라면 빽빽한 80제곱킬로미터의 숲을 샅샅이 뒤지기 위해 GoPro 카메라를 사용하는 헬리콥터에 더해 기록적으로 많은 수의 구조 전문가와 숙련된 수색자들을 모으려고 언론에 영향력을 행사하리라는 것을 즉시 깨달았다.

타일러를 찾기 위한 수색 작전은 브리티시컬럼비아 British Columbia주 역사상 최대 규모로 기록되었다. 그러나 수색 팀이 찾아낸 것은 여행 이틀째에 남긴 것으로 보이는 16.5사이즈의 하이킹화 족적 하나뿐이었다.

타일러의 실종은 누구도 상상하지 못한 일이었다. 우리는 지금도 그 생각을 하면 마음이 먹먹해진다. 지금도 그가 당황한 듯 전화를 걸어 "이봐요. 사무실을 어디로 옮겼어요? 휴가 끝내고 출근해 보니 아무도 안 보이는데요?"라고 말하는 상상을 하며 그를 그리워하곤 한다.

그 사건 이후, 우리는 전 세계의 프랜차이즈 파트너들이 모여 1년에 한 번씩 여는 총회에서 타일러의 푸른 가발 정신을 가장 완벽하게 실천한 사람을 한 명 선정하여 상을 준다. 라이트의 길Wright Way Award이라고 명명된 이 상을 받는 것은 프랜차이즈 파트너의 최고의 영광이다. 그러나 매번 상을 수여할 때마다 참석한 모든 사람들은 좀 숙연해진다.

도무지 상상도 하지 못한 일은 또 발생했다. 타일러의 실종만큼 비극적인 일은 아니었지만 상당히 고통스러웠다.

독자들은 앞에서 나와 캐머런 헤럴드가 함께 있을 때 열정과 열정이 충돌해 매우 위험했었다고 말한 사실을 기억할 것이다. 시간이 좀 더 흐른 뒤 언젠가부터, 우리가 이제는 헤어져야 할 때가 왔다는 것을 그도 나도 느끼기 시작했다.

현장도, 시스템도, 업무공정도 완벽하게 갖추어졌다. 이때부터 캐머런과 나는 믿을 수 없는 충동적인 결정을 내리기 시작했다. 연 이익이 1억 달러를 넘는 시점에서 우리에게 가장 필요한 것은 지원 부서에 대한 훈련 강화였다. 그러나 그도 나도 이 부분에서는 잘하지 못했다. 우리에게는 좋은 아이디어를 떠올려내기 위해서 조용히 오래 앉아 있을 만한 인내심이 없었다. 우리는 어떤 문제가 생겼을 때, "잠시의 시간을 두고 얘기를 나눠보자."라고 얘기하지 않았다. 대신 우리는 현장으로 뛰어들어 해결하려고 했다.

내가 "이봐 캐머런, 이 문제 어떻게 생각해?"라고 말하면 그는 즉시 문을 열고 뛰어나가 문제를 해결하러 뛰어드는 식이었다.

즉흥적인 사람이 또 다른 즉흥적인 사람과 함께하면 그 즉흥성은 꼭 두 배로만 늘어나는 것이 아니라 기하급수적으로 훨씬 커진다. 꼭, 냉각수가 부족한 원자로 같았다.

그로 인해서 우리는 금전적 손실도 컸다. 발사, 준비, 조준의 과정이 정신없이 반복되었다.

우리는 트럭 마케팅이라고 명명한 홍보 활동을 추진하기로 했다, 즉 우리 회사의 로고가 선명하게 그려진 트럭을 주차장에 주차시켜 놓고 대중들의 시선에 노출하는 방법의 마케팅만으로도 매출이 크게 증대할 것이라는 확신을 가지고 이를 입증해보자고 했다. 우리는 이런 마케팅 방법을 파케팅Parketing이라고 불렀다. 방법은 간단했다. 쇼핑센터처럼 사람들이 늘 붐비는 건물의 주차장 한편에 트럭 한 대를 세울 만한 주차공간을 임대하는 것은 어려운 일이 아니었다. 주요 교차로 근방의 눈에 잘 띄는 주차장마다 1-800-GOT-JUNK?라는 로고가 선명하게 새겨진 트럭을 주차해 놓기만 하면 그것이 대형 광고판 역할을 하게 되는 것이다. 이 로고 하나로 우리 회사가 어떤 서비스를 하는지를 대중들에게 알려주고, 연락처까지 알려준다! 그리고 그 광고판은 사람들이 모일 만한 곳이라면 어디에나 있다! 정말 대단한 발상이다!

그렇게 해서 주문이 일어나면 프랜차이즈 파트너는 트럭이 더 필요할 것이고, 광고용으로 구매해서 세워 두었던 트럭을 현장에 투입하면 되는 것이다. 캐머런이 말했다. "생각해 봐? 지금 우리는 밴쿠버에서 트럭 네 대를 운영하고 있어. 우리 조직은 곧 네 배로 늘어날 거야. 트럭 숫자도 16대로 늘어나는 거지!"

논리적으로는 매우 그럴 듯해 보였다. 그러나 너무 큰 돈이 들어가는 일이었고 거창한 아이디어였다. 그런데도 누구 하나 목표를 조금만 낮춰서 천천히 가라고 조언해 주는 사람이 없었다.

매사가 그런 식이었다.

즉시 우리는 8개의 회사를 차리고 8명의 매니저를 새로 고용해 영업을 시작했다. 그러나 새로 시작한 모든 지사가 하나같이 실패했다. 내가 직접 하는 것과 남이 하는 것은 달랐다. 그들은 성공을 위해 나만큼 많은 것을 투자할 생각이 없었다. 사업을 직접 하는 것과 남에게 위임해서 하는 것이 얼마나 다른지를 깨닫게 한 뼈저린 교훈이었다.

참으로 겸연쩍었던 그 순간 우리는 서로 마주 보며 말했다. "이건 우리가 잘못한 게 맞는 것 같군."

일이 뭔가 꼬여가고 있었다. 우리는 기반이 흔들리고 있다는 사실을 느끼기 시작했다.

회사의 이익은 2006년까지 매년 급상승하고 있었지만, 우리는 그 못지않은 도전에 직면하고 있었다. 이런 회사 운영 방식은 여기서 제동을 걸어 줘야 한다는 것을 우리는 알고 있었다.

캐머런과 나는 회사를 우리의 그늘보다 더 크게 키웠다. 우리 둘 모두보다 컸다.

지금이야말로 위험한 시간이었다. 캐머런과 나는 환상적인 팀워크로 일해 왔지만, 그와 내가 손을 잡고 함께 일하기 시작할 당시에 비해서 회사는 너무 커져 있었다. 우리는 둘도 없는 친구이지만, 함께 일하는 것은 거기서 끝내야 했다.

13장
처음부터 다시 시작,
또다시 시작

그 후 2년 동안, 많은 프랜차이즈 파트너들은 내가 직접 하기보다는 적임자를 세우는 게 좋겠다고 조언했지만, 나는 구체적인 부분까지 직접 경영에 관여했다. 나도 내가 적임자가 아니라는 사실을 알고 있었다. 그러나 잘못된 도움을 받는 것보다는 아무 도움도 받지 않고 직접 하는 것이 낫다는 점도 알고 있었다. 그래서 한편으로는 회사를 직접 경영하면서 다른 한편으로는 가장 적절한 사람을 찾고, 찾고 또 찾았다.

캐머런을 대신할 새로운 COO가 필요했다. 생각 같아서는 내가 이 사람을 현명하게 선택했고 그 후에도 행복한 시간이 계속되었다고 말하고 싶지만, 이 책에서만큼은 솔직해야 한다고 생각하기에 그렇게는 말할 수 없다. 솔직히 잘못됐다. 선택도 잘못되었고, 그 결과도 좋지 않았다.

꼭 영국의 동화책인『골디락스와 곰 세 마리Goldilocks and the Three Bears』이야기가 연상된다. "이 수프는 너무 뜨겁고, 이 수프는 너무 차갑고, 이 수프가 적당하겠군."

나는 적당한 온도의 수프를 놔두고 너무 뜨겁고, 차가운 수프 사이에서 왔다 갔다 했다. 나는 스타벅스의 핵심 부서 책임자 한 사람을 임원으로 채용했다.

서류상으로는 이 사람은 우리가 찾는 적임자가 틀림없어 보였다. 그러나 실제로는 지나치게 수정하다 보니 망쳐버린 답안과 같았다.

> **NOTE 14** 당신이 균형점에서 한쪽으로 벗어나 있다고 느낄 때, 그 균형을 회복하기 위해서 너무 급하게 반대쪽으로 움직이지 말라. 잘못하면 반대쪽으로 똑같은 거리만큼 벗어나 또다시 균형이 무너질 것이다.

그로부터 14개월 만에 우리 영업 매출은 1/3로 축소되었다.

솔직하게 말하자면, 그때 나는 이러다가 모든 것을 잃을지도 모른다고 생각했다.

문제의 핵심은 새로 영입된 COO에게는 푸른 가발의 정신이 없었다는 것이다. 회사의 생명력이 서서히 빠져나가고, 1-800-GOT-JUNK?의 정신이 희미하게 사라져가는 것을 무기력하게 지켜보고 있었다.

그러다가 나는 자신을 다잡고 말했다. "이제 이만큼 떨어졌으면 됐다." 바닥까지 내려왔다고 생각한 것이다.

그 후 2년 동안, 많은 프랜차이즈 파트너들은 내가 직접 하기보다는 적임자를 세우는 게 좋겠다고 조언했지만, 나는 구체적인 부분까지 직접 경영에 관여했다. 나도 내가 적임자가 아니라는 사실을 알고 있었다. 그러나 잘못된 도움을 받는 것보다는 아무 도움도 받지 않고 직접 하는 것이 낫다는 점도 알고 있었다. 그래서 한편으로는 회사를 직접 경영하면서 다른 한편으로는 가장 적절한 사람을 찾고, 찾고 또 찾았다.

어느 날, 나는 종이 한 장을 꺼내고, 가운데 위에서 아래로 줄을 그어 내렸다. 줄 왼편에는 사업상 필요한 많은 것들 가운데 내가 하고 싶어 하거나, 잘할 수 있는 것들을 생각나는 대로 적었고, 줄 오른편에는 사업상 필요한 많은 것들 가운데 내가 할 수 없는 것과 하기 싫은 것들을 생각나는 대로 적었다.

하기 싫은 것들은 이런 것들이었다.

- 재무보고서 검토하기
- 사업계획서 작성하기
- 예산 세우기
- 채용
- 팀 구성하기

그러나 내가 찾고 있는 잘 훈련되고 체계화된 경영자는 영업 중심적으로 일할 필요가 있었고, 비전과 모험에 기반을 둔 계획을 실천할 수 있어야 했다. 그들은 충실한 종업원의 정신이 아니라 열정적인 창업자 정신을 가진 사람이어야 했다.

내가 찾는 사람이 어떤 사람이어야 하는지 좀 더 명확하게 정리가 되자, 나는 그의 가상의 모습을 상상할 수 있는 대로 자세히 적어 보았다.

"나는 에너지가 충만하고, 결과를 중시하는 리더이다. 내가 이끄는 팀원들은 우리가 승리하기 위해 일하고 있다는 사실을 명심하고 있다. 목표가 분명하게 정해지면, 그 어떤 것이 우리의 앞을 가로막는 것도 용납하지 않는다. 나는 최고의 재능을 가진 인재들로 팀을 구성하고, 그들의 팀이 적절한 사람들을 적절한 자리에 배치할 수 있도록 열심히 일한다. 나는 내 팀원들이 회사의 성장을 위해 전력투구할 수 있도록 그들을 발전시킨다. 즉 우리가 설정한 가능성을 인식하고 믿도록 한다. 나는 수익과 매출의 증가에 대한 모든 책임을 기꺼이 진다."

"나는 결과로 나타나는 전략적인 계획을 수립하는 데 온 열정을 다 바친다. 그 계획을 통해 나는 업무에 대한 집중력, 철저한 책임감 그리고 잦은 격려를 통해 조직을 이끌어 가야 한다."

"나는 투명한 유리알처럼 명료한 비전을 품고 있는 경영자와 파트너 관계를 맺을 것이다. 그들은 불가능해 보이는 아이디어를 현실화할 수 있는 방법을 찾아낼 줄 아는 사람들이다. 나는 캐나다를 사랑하고 항상 밴쿠버를 고향이라고 부르고 싶다."

나는 이렇게 적은 내용을 회사 밖의 친구들에게 보여 주었다.

두 친구가 이 내용을 보더니 똑같이 얘기했다. "음, 여기에 적혀 있는 내용에 모두 들어맞는 사람은 지구상에 딱 한 사람밖에 없어."라고 말하면서 두 친구가 모두 같은 사내의 이름을 댔다.

그리고 나서 다시 이 내용을 캐머런 헤럴드에게 보여 줬더니 그도 똑같은 말을 했다. "음, 여기에 적혀 있는 내용에 모두 들어맞는 사람은 지구상에 딱 한 사람밖에 없어. 그 친구는 대학 때 나하고 같은 동아리에 있었던 친구였어. 사실 그 친구가 넘버원이었고, 나는 넘버 투였지. 대학을 졸업하고 두어 군데에서 직장생활을 했는데 항상 대단한 평가를 받았지. 에릭 처치Erik Church라는 친구야."

놀랍게도 앞의 두 사람 입에서 나온 이름도 에릭 처치였다.

독자 여러분들은 아마도 이런 상황을 쉽게 믿을 수 없을 것이다. 사실 나도 그렇다.

이런 기막힌 우연이 어디에 있는가? 내가 캐머런 헤럴드의 후임자를 어렵게 물색했는데 그가 대학 시절 캐머런과 함께 동아리를 창립했던 설립 공동 발기인이었다니?

나는 에릭을 만났고, 우리는 금방 친해졌다. 왜 그가 캐머런과 오랫동안 친구로 지냈는지도 확실히 알 것 같았다. 에릭은 1-800-GOT-JUNK?의 COO 직을 받아들이기로 결정했다.

그제야 너무 뜨겁지도 차갑지도 않은 적당히 따뜻한 수프를 찾아낸 것이다.

에릭과 내가 제일 먼저 동의한 것은 푸른 가방의 정신을 지닌 영업과 마케팅 책임자를 채용해야 한다는 것이었다.

우리가 적임자로 지목한 사람은 당시에 토론토의 폴 가이 밑에서 일하고 있었다. 폴은 우리의 진정한 파트너였기 때문에 기꺼이 그 사람을 우리에게 보내 주었다.

데이비드 세인트 제임스DSJ는 가업을 도와서 음향기기를 판매하는 일로 사회생활을 시작했다. 그가 음향기기 판매 분야에서 특출한 실적을 보였기 때문에 Bose Stereo에서 그를 내근직으로 채용했다. 폴과 데이비드는 고등학교 때부터 친구였다. 그래서 폴은 자신이 경영하던 프랜차이즈 지사가 커져서 전업 영업 교육자 겸 마케팅 책임자의 필요성을 느끼고 DSJ를 불러들였던 것이다.

DSJ는 뭔가에 꽂히면 물불을 가리지 않는 사람이었다. 그가 우리와 함께 일하기 시작한 지 얼마 안 되어 그는 자신의 승용차의 앞뒤와 양 측면에 1-800-GOT-JUNK? 로고를 큼직하게 새기겠다고 제안했다. 자신의 승용차를 움직이는 광고판으로 모든 사람들 앞에 노출시키겠다는 것이었다. 결과가 기대 이상이었기 때문에, 거기서 착안하여 우리는 우리 회사 직원들이 자신의 개인 소유 승용차에 회사 로고를 크게 새기고 운행하면 3천 달러를 인센티브로 지급하는 정책을 시행하게 되었다.

　　그러나 DSJ의 경우는 자신이 자발적으로 회사의 성장을 돕는다는 자부심 말고는 별도의 금전적인 인센티브 없이 자신의 차량을 움직이는 광고판으로 내놓은 사람이었다. 그는 진정으로 창업자의 심장을 가진 사람이었다.

　　지금까지 폴의 밑에서 멋지게 일했던 그의 초강력 에너지를 모든 나머지 프랜차이즈 파트너들에게 전파할 필요가 있었다.

DSJ와 에릭 그리고 나는 드디어 TV와 라디오에 유료
광고를 시작하기로 결정했다. 사실 이것은 우리 파트너
들이 오래전부터 요구했던 사항이었다.

14장
마법을 믿는가?

인격을 가진 브랜드는 영화나 TV쇼, 그리고 소설 속의 캐릭터처럼 대중들의 마음속에 있는 이미지 캐릭터입니다. 그러나 여러분들이 광고를 통해서 주장할 내용이 대중들에게 진실로 받아들여지게 하려면, 당신 브랜드의 특징이 오래 생각하지 않고도 사람들 마음속에 쉽게 이해되고 받아들여질 수 있는 것이어야 합니다. '행복의 마법'이라는 것은 1-800-GOT-JUNK?가 지금까지 늘 해 왔던 것입니다.

광고를 어떻게 만들어야 할지 아이디어는 누구나 낼 수 있다. 그러나 성공적인 광고를 일관되게 쓰고 만들어 낼 수 있는 사람은 드물다.

우리는 아주 탁월하지만, 다소 은둔자적인 생활을 하는 광고 작가의 이야기를 들었다. 그는 광고 제작 의뢰를 전화로는 받지 않는 사람이었다. 우리는 그 사람이 상당한 괴짜라는 생각이 들었고, 직접 그를 찾아가서 만나 보기로 했다.

우리의 전화를 받은 그의 비서는 정중하게 그가 경영하는 회사인 Wizard of Ads에서 그를 만나려면, 먼저 7,500달러를 입금한 후 직접 텍사스주의 오스틴으로 날아와야 하며, 직접 만나기 전까지는 이메일이나 전화를 받지 않는다고 알려 주었다. 그녀는 또 자신의 보스가 우리의 광고 제작에 참여하기로 결정할 가능성은 그렇게 높지는 않지만, 최소한 우리 팀과 내가 무엇을 해야 할지 그리고 무엇을 하지 말아야 할지에 대해 귀중한 통찰력을 얻고 조언을 받게 될 것이라고 덧붙였다. 또 그가 우리 광고 제작에 참여하지는 않더라도 최소한 그와 연결되어 있는 46명의 파트너 가운데 한 명을 소개받을 수는 있을 것이라고 말했다.

데이비드와 에릭, 그리고 나는 그들이 요구한 대로 선입금을 한 후 텍사스로 날아갔다.
그가 경영하는 거대한 광고 회사를 둘러보는 것만으로도 본전은 뽑았다고 생각되는 여행이었다. 84,900제

곱미터나 되는 넓은 대지 위에 12개나 되는 건물들이 흩어져 있었다. 그 가운데서도 270미터 정도 높이의 언덕 위에 서서 오스틴 시를 내려다보고 있는 듯한 Wizard Tower의 모습은 압권이었다. 그리고 그 건물로 진입하는 길가의 작은 절벽에 매달려 있는 듯 서 있는 작은 예배당의 모습도 인상적이었다.

우리는 그림으로 가득한 창고 같은 방에서 그와 만났다. 돌이켜 보면 아주 낯설고 멋진 경험이었다.

사실 그와 대화를 시작하면서 과연 제대로 된 광고 컨설팅을 받을 수 있을지 처음에는 반신반의했다. 그가 먼저 우리의 이야기를 충분히 들어야만 우리에게 맞는 제대로 된 의견이 만들어질 것이라고 생각했기 때문이다. 상대를 제대로 알지 못한다면, 상대방을 위해 무슨 일을 해야 할지 어떻게 알 수 있겠는가?

그런 생각을 하며 앉아 있을 때, 그는 대뜸 야구장 내야의 모습이 그려진 도표를 내놓았다. "데이비드 프리먼 David Freeman은 유명한 시나리오 강사입니다. TV쇼나 영화, 소설의 아주 매력적인 캐릭터들을 창조해 내는 기술을 개발한 사람이지요. 지금 제가 여러분들에게 보여드릴 것은 데이비드 프리먼의 테크닉을 조금 수정한 것입니다. 그 사람은 그것을 캐릭터 다이아몬드라고 불렀습니다."

에릭과 DSJ 그리고 나의 얼굴에는 불안한 빛이 스쳐 갔다. 갑자기 왜 시나리오작가에 대한 얘기를 들어야 하는가? 그러나 우리는 내색하지 않고 그의 얘기를 계속 들었다.

"사람들의 관심을 끄는 이미지 캐릭터는 대개 그 안에 상반되는 두 쌍의 요소를 담고 있어야 합니다. 이 네 가지의 요소에 의해 그 캐릭터의 생각과 말과 행동, 그리고 세계를 보는 관점이 결정됩니다."

그는 홈베이스와 2루 베이스를 짚으면서 말했다. "사람들은 이렇게 수직의 방향으로 상반된 캐릭터에 매력을 느낍니다." 그리고는 바로 1루와 3루 베이스를 짚으면서 말했다. "그러면서도 이렇게 수평적으로 반대 방향에 있는 캐릭터에 사로잡힙니다."

그러고는 화면에 정지 화상 세 개를 띄웠다. 윌리 웡카, 둘리틀 박사, 그리고 피터 팬! 놀랍게도 내가 어려서 정말 좋아했던 만화 캐릭터 셋을 화면에 올린 것이다. 사전에 나에 대한 설명이나 정보 전달이 없었는데도 말이다. 나는 순간 말문이 막힐 것 같았다. 이어서 럭키 참스(옮긴이 주—1964년에 출시된 시리얼) 포장지에 나오는 레프러콘(옮긴이 주—아일랜드 민화에 나오는 남자 요정)의 화상도 띄웠을 때, 내가 참지 못하고 말했다. "혹시 우리 어머니를 만나서 나에 대해 얘기를 미리 들으셨나요?"

"아니요."

"어떻게 내가 좋아하는 만화 캐릭터와 어려서 아침마다 즐겨 먹던 시리얼의 브랜드까지 맞추지요?"

"브라이언, 당신은 인생 내내 행복하고 마법 같은 캐릭터들에 의해서 활력을 얻어 왔어요. 그것은 사람들이 당신에게 매력을 느끼는 몇 가지 이유 가운데 하나입니다." 그러고 나서 그는 2루 베이스를 다시 짚었다. 그리고 말했다. "여기에다가 '행복의 마법'이라고 적어 넣어야겠군요."

"이해가 잘 안 갑니다."

"인격을 가진 브랜드는 영화나 TV쇼, 그리고 소설 속의 캐릭터처럼 대중들의 마음속에 있는 이미지 캐릭터입니다. 그러나 여러분들이 광고를 통해서 주장할 내용이 대중들에게 진실로 받아들여지게 하려면, 당신 브랜드의 특징이 오래 생각하지 않고도 사람들 마음속에 쉽게 이해되고 받아들여질 수 있는 것이어야 합니다. '행복의 마법'이라는 것은 1-800-GOT-JUNK?가 지금까지 늘 해왔던 것입니다."

그는 다시 손가락으로 2루 베이스를 짚고 말했다. 이미 미국과 캐나다, 오스트레일리아에서는 꽤 유명해진 우리의 광고카피였다. "우리는 폐기물을 없앨 것입니다. 당신은 그것들이 어디에 있는지만 알려주시면 됩니다."

"당신이 어떻게 어린 시절 내가 좋아하는 만화 캐릭터와 내가 먹던 시리얼을 알게 되었는지 아직 얘기하지 않았습니다."

"브라이언, 당신은 낙관적이고 행복하고 마법 같은 경험을 전달하고 싶어 하는 것 같습니다. 그것이 당신 피부의 모든 모공에서까지 빛나고 있습니다. 당신만큼 내면에 밝게 타오르는 열정을 지닌 사람을 만나 본 적이 없습니다. 혹시라도 내 말에 기분이 상하지 않았으면 좋겠습니다."

"기분이 상하다니요? 정말 기분이 좋은데요?"

그가 말했다. "어머니는 어떤 분이었나요? 나는 어머니께서 당신에게 그런 미친 듯한 낙관주의를 심어주셨다고 생각하는데, 맞죠?"

맞는 말이었다.

나는 그에게 어머니에 관해서 얘기를 했고, 그는 우리의 광고 제작에 참여하기로 결정했다.

15장
진짜 마법,
한눈에 보이는

어머니는 나와 게임을 할 때마다 나에게 50센트씩 돈을 주셨다. 지금 생각하면 어린아이가 고안해 낸 게임이라는 것이 유치하기 짝이 없었을 테지만, 어머니는 게임 한 판을 즐기는 값으로 50센트는 너무나 싸다는 듯이 행동했다. 어머니는 나와 게임을 할 때마다 세상에서 이렇게 재미있는 게임은 평생 처음 해봤다는 듯이 말하고 행동했다.

나의 어머니, 빅토리아 로버Victoria Lorber는 고등학교 때부터 사귀었던 학교 친구와 결혼을 했다. 그녀는 남편에게 좋은 아내였지만, 남편은 그렇지 못했다. 그 때문에 나는 친아버지에 대해 별다른 좋은 기억이 없다. 이 책의 맨 앞에서 "나는 7살 때 아버지를 처음 갖게 되었다."고 말한 것은 조금도 과장이 아닌 진심이었다.

어머니는 내가 스스로를 실수로 태어났다거나 어머니께 짐만 된다거나 또는 귀찮은 존재라고 절대로 생각하게 하지 않으셨다. 오히려 어머니는 어린 나에게 최고의 치어리더였다. 내가 아주 어릴 때부터, 내가 무슨 생각을 얘기하면 항상 맞장구쳐 주시고 격려해 주셨다. 한 번도 고개를 가로젓거나 "그건 좋은 생각이 아니야."라는 따위의 부정적인 반응을 보인 적이 없었다.

어머니가 샌프란시스코에 있는 캘리포니아대학교 University of California에서 초음파 전공으로 학위를 받기 위해 공부하는 동안에는 외할머니와 외할아버지가 나를 키워 주셨다. 외할머니와 외할아버지는 동네의 조금은 정체가 의심스러운 이웃들을 상대로 군대용품을 파는 일을 하는 지혜롭고 근면한 분들이셨다. 그런데 그분들은 누구를 만나든 상대의 기분을 조금이라도 낫고 좋게 바꿔 주는 재주를 가지고 계셨다.

내가 좋아하는 윌리 웡카나 둘리틀 박사, 혹은 피터 팬 같은 분들이셨다.

쓸고 닦고 상자들을 들어 옮겨 가지런히 쌓고 손님들

을 반갑게 맞아 주셨다. 나는 낮에 조부모들께서 일하시는 가게에서 놀기를 좋아했다. 그것은 정말 신나는 일이었다.

지금 생각하면, 그분들은 처음으로 나에게 기업가정신의 맛을 보게 해 주신 것 같다. 그리고 나는 바로 그러한 환경에서 자라났다.

서툰 동작으로 할머니, 할아버지의 장사를 도와드리면서 나도 내 몫을 다하고 있다는 자부심을 느꼈고, 이 가게에 대한 소속감을 느꼈다. 몇 년 살지 않은 어린아이의 짧은 인생이기는 하지만 태어나서 처음으로 내가 있어야 할 곳을 찾은 느낌이었다.

조부모님들의 가게인 Lorber's Surplus는 샌프란시스코에서도 하층민이나 부랑자들이 많이 사는 미션 지역에 있는 군대용품 가게였다. 그곳에 있는 가게들은 동네 불량배들에게 수시로 강도를 당했다. 특히 우리 가게 바로 옆집인 자물쇠 가게는 정말 자주 털렸다. 맞은편의 전자제품 가게도 마찬가지였다. 그런데 Lorber's Surplus만

예외였다. 게다가 가죽점퍼나 시계 등 우리 가게에서 파는 물건들은 가지고 나가기만 하면 아주 쉽게 현금으로 바꿀 수 있는 것들임에도 불구하고 우리 가게를 상대로 강도질을 하는 사람들은 하나도 없었다.

좀 더 나이를 먹고 나서야 조부모님의 가게가 단 한 번도 강도를 당한 적이 없던 이유를 깨달을 수 있었다.

미션 지역에 사는 사람들은 조부모님들이 자신들을 선하게 대해 준다는 사실을 알고 있었다. 할아버지 케니 로버 씨와 할머니 플로렌스 로버 여사는 손님들과 이웃들의 이름을 외워서 볼 때마다 불러주었고, 그들의 이야기를 들어주었으며, 가게 바깥에 있는 그들과 눈이 마주치면 웃으며 손을 흔들어주었다. 또 마주치면 꼭 안부를 물어주었다. 거리의 아이들과 부랑아들은 물건을 사고 돈을 못 낼 때조차도 그들이 자신들을 진심으로 환영해 준다고 믿고 있었다.

조부모님들은 그들에게 희망을 불어넣어 주었고, 그들이 귀한 존재라는 것을 일깨워 주었다.

그분들은 "너희들도 세상에 크게 도움이 될 수 있어. 그리고 네 앞에도 분명히 밝은 미래가 있다고 생각해. 우리가 혹시 너희가 바라는 것을 전부 해주지는 못한다 할지라도, 우리가 너희를 좋아하고 너희를 돕고 싶어 한다는 것을 알아줬으면 해."라는 말씀을 자주 해 주었다. 아마도 거리의 거친 젊은이들 사이에 "절대로 로버 할머니, 할아버지의 가게는 건드리지 말자. 그분들은 우리의 친구들이야."라는 약속이 있었던 것이 틀림없었다.

어머니가 나를 키워주신 방식이 꼭 그와 같았다. 나는 갓난아이였을 때부터 어머니의 돌봄과 교육을 통해 성공적인 사업가가 되기 위한 수업을 시작한 것이다.

나는 어머니와 둘이서 캔디랜드라는 게임을 자주 했다. 조금 더 컸을 때 아주 조그만 배트맨 인형과 슈퍼맨 인형을 이용해서 나만의 게임을 고안해 내었는데, 두 인형을 말 삼아서 말판을 주사위에 나온 숫자대로 옮겨 다닌다는 점은 캔디랜드와 비슷했다. 하지만 내 게임은 약간 액션과 모험의 요소를 더한 것이었다.

어머니는 나와 게임을 할 때마다 나에게 50센트씩 돈을 주셨다. 지금 생각하면 어린아이가 고안해 낸 게임이라는 것이 유치하기 짝이 없었을 테지만, 어머니는 게임한 판을 즐기는 값으로 50센트는 너무나 싸다는 듯이 행동했다. 어머니는 나와 게임을 할 때마다 세상에서 이렇게 재미있는 게임은 평생 처음 해봤다는 듯이 말하고 행동했다.

어머니와의 게임을 통해서 누군가를 즐겁게 해주는 것만으로도 돈을 벌 수 있다는 사실을 어릴 때부터 몸으로 배웠다. 오늘날 내가 고객들에 대한 최선의 서비스를 통해 큰돈을 벌고 있는 것은 지금 생각하면 우연이 아니다.

> ✎ **NOTE 16** 당신을 가장 사랑하는 사람들을 따라 스스로의 모습을 만들어라.

그로부터 몇 살쯤 더 먹었을 때, 길 건너 사는 아이들이 3달러씩 받고 세차해 주는 일을 시작한 것을 알게 되었다. 나는 합판 한 장과 페인트 한 병을 사서 안내판을 하나 만들었다. 나는 판 위에 "세차. 2달러!"라고 적었다. 그리고 학교의 다른 친구들을 설득해 한 블록쯤 떨어진 번화가 모퉁이에서 그 안내판을 들고 서 있도록 했다.

그 덕분에 꽤 큰돈을 벌었다. 한 번 세차해줄 때마다 2달러씩 벌었다. 우리가 스스로 돈을 벌었다는 사실을 믿을 수가 없었다. 그리고 나와 맞은편의 경쟁자 덕분에 우리 거리는 세차거리라는 별명이 붙을 정도로 유명해졌다. 맞은편 아이들과 나는 서로 경쟁을 하면서 꽤 많은 돈을 벌었다. 경쟁이 없었더라면 그보다는 훨씬 덜 벌었을 것이다.

어머니는 이 얘기를 듣고 나를 매우 자랑스러워하셨다. 그리고 틈나는 대로 격려해 주셨다.

✏️ **NOTE 17** 격려는 가장 강력한 마법이다.

살아오면서 당신을 진정으로 믿어주고 격려해 준 사람이 있는가?

만일 있다면, 기회가 닿는 대로 다른 사람에게도 격려의 밝은 불꽃을 만들어 주어라.

16장
59번이나
No라는 대답을 듣다

나는 미국 각처에 흩어져 사는 지인들에게 자신이 사는 곳에서 1-800-GOT-JUNK라는 번호로 전화를 걸어 누군가가 전화를 받는지, 결번 안내 메시지가 나오는지 여부를 확인해 달라고 부탁했다. 곳곳에서 59명의 친구가 전화를 걸었는데 하나같이 결번이었다는 답이 돌아왔다. 사실, 이 번호가 살아 있는 유일한 한 개 주는 아이다호 주였는데, 공교롭게도 아이다호 주에는 아는 사람이 하나도 없었다.

나는 세상 모든 것이 결국은 잘될 거라고 믿는다.

순간순간 좋지 않은 결정을 내릴 때도 있고 고통스러운 순간도 있지만, 지나고 나면 그것이 밑거름이 되어 좋은 결과로 이어진다.

사람들이 내게 "당신은 무엇을 특별히 다르게 했습니까?"라고 물을 때마다, "딱히 그런 것은 없습니다. 항상 교훈을 찾으려고 했을 뿐이지요."라고 대답했다.

미국과 캐나다에 프랜차이즈망을 구축하려던 초창기에 우리는 미국에서 지사를 내기를 원하는 사람으로부터 전화를 받았다. "우리가 미국에 지사를 만들려면 738-JUNK(브라이언 스쿠다모어의 첫 회사 The Rubbish Boys의 전화번호) 같은 지역 전화번호와는 다른 전화번호가 필요합니다. 800번을 얻으면 어떨까 하는데요—어떻게 생각하세요?"

당시 미국 전역에서는 "Got Milk?" 캠페인(옮긴이 주—1990년대 탄산음료 매출 증가로 우유 소비가 감소하자 미국에서 시작된 우유 소비 장려 캠페인)이 유행처럼 번지고 있었다. 그래서 우리는 이 구호와 어감이 비슷한 GOT-JUNK라는 말을 이용한 1-800-GOT-JUNK?를 회사 이름 겸 전화번호로 생각했다. 이것은 상당히 중요한 마케팅 전략이었다. 나는 "좋습니다. 확인해 보죠. 우선 누가 미국에서 그 번호를 사용하고 있는지 확인해 봅시다."라고 말했다.

우선 1-800-GOT-JUNK라는 번호로 전화를 걸어 보았다. 그러나 해당 번호는 결번이라는 녹음된 안내 음성이 들려 왔다. 나는 생각했다. "좋아. 이 번호를 인수하자." 이 번호의 주인을 알아내기 위해 AT&T(옮긴이 주—미국 최대의 통신회사)에 문의한 결과, 딱 한 개 주에서만 이 번호가 사용되고 있고 나머지 주에서는 사용되지 않는다는 사실과, 이 번호가 등록된 그 주가 아닌 다른 주나 다른 나라에서 전화를 걸면 결번이라는 안내가 나오는 것이라는 사실을 알아냈다. 그러나 AT&T는 개인정보 보호의 문제가 있기 때문에 누가 이 번호의 주인인지는 알려줄 수 없고, 사용되는 한 개 주가 어느 주인지도 말해줄 수 없다고 덧붙였다.

나는 미국 각처에 흩어져 사는 지인들에게 자신이 사는 곳에서 1-800-GOT-JUNK라는 번호로 전화를 걸어 누군가가 전화를 받는지, 결번 안내 메시지가 나오는지 여부를 확인해 달라고 부탁했다. 곳곳에서 59명의 친구가 전화를 걸었는데 하나같이 결번이었다는 답이 돌아왔다. 사실, 이 번호가 살아 있는 유일한 한 개 주는 아이다호 주였는데, 공교롭게도 아이다호 주에는 아는 사람이 하나도 없었다.

그러던 중 우리 전화번호와 매우 비슷한 전화번호인 1-888-GOT-JUNK라는 번호를 소유한 사람이 10만 달러만 주면 자신의 번호를 팔 수 있다는 제안을 해 왔다. 그러나 그것은 고려할 대상이 아니었다. 나는 우리 전화번호는 반드시 1-800-GOT-JUNK여야 한다는 고집을 꺾지 않았다.

나는 잊지 않고 있었다.

"우리의 브랜드인 1-800-GOT-JUNK?가 많은 사람의 눈에 띌 때 연락처도 함께 그들의 눈에 띈다." 이것은 오래전부터 마음속에 그려 놓았던 우리 회사의 미래에 대한 그림 가운데 하나였다.

아직 일어나지 않은 미래의 희망을 마치 지금 현실 속에서 일어나고 있는 듯이 현재 시제의 문장으로 적어 보는 것, 즉 미래의 그림을 그려보는 것이 내가 한 유일하게 우스꽝스러워 보이는 일은 아니다.

나는 우리의 전화번호는 이 번호여야 한다는 분명한 고집이 있었기 때문에 이미 Drive Design이라는 회사에 의뢰해서 파란색과 녹색이 적절하게 섞인 크고 두드러진 서체의 1-800-GOT-JUNK? 로고를 디자인하게 했었다.

번호를 확보하기도 전에 번호를 담은 로고부터 만들었던 것이다.

성공하고 싶다면 때로는 준비가 충분하지 않더라도 일단 저질러 놓고 볼 필요가 있다.

여기서 독자들께 한 가지 구분해 드리고자 한다:

- 우선 믿는다는 것이 있다.
- 다음으로 그것을 소리 내서 말하는 것은 (믿는 것과는) 별개이다.
- 그것을 적어보고, 그렇게 만들어진 미래에 대한 그림을 다른 사람과 나누는 것은 마법 같은 일이다.
- 전화번호를 확보하지도 않은 채 먼저 로고를 제작하는 것처럼 일단 먼저 저지르고 나면, 그것이 로켓을 달나라에 보낼 수도 있을 것 같은 든든한 토대를 만들어 준다.

마침내 아이다호 주에서 그 전화번호로 전화를 걸어보았고, 아이다호 주 교통부의 콜 센터로 연결되었다.

주 정부가 그 번호를 소유하고 있었던 것이다. 아이다호 주 교통부 콜 센터 담당자인 마이클과 세 차례 통화하면서, "저는 이 번호를 꼭 갖고 싶습니다. 저에게는 굉장히 중요한 문제입니다."라고 말했다.

처음 두 번은 안 된다고 했던 마이클은 세 번째 통화에서 긴 침묵 끝에 "우리도 오래 이 번호를 사용해 왔습니다. 요즘은 좀 덜 사용합니다만. 정 그러시다면 번호를 드리겠습니다. 필요한 서류를 팩스로 보내드리죠."라고 말했다.

필요한 행정절차를 진행하는 데 이틀이 걸렸다. 모든 절차가 끝났고, 나는 마침내 그 번호를 손에 넣었다. 모든 것이 끝나자마자, 나는 마이클에게 진심으로 감사의 뜻을 전하고 그와 그의 팀원들에게 식사라도 대접하고 싶어 전화했다. 그러나 그때는 이미 그는 그곳에 없었다.

나는 아직도 그의 이름만 알지 성은 모른다.

그 전화번호가 아이다호 주 교통부 콜 센터를 그만두면서 그가 나에게 준 작별선물이었는지 아닌지는 모르겠다.

그러나 나는 이것은 분명히 알고 있다:

> ✎ **NOTE 20** 무언가를 위해 최선을 다하는 순간, 우주가 당신을 돕기 위해 힘을 모은다.

(이것은 이 책 5장의 두 번째 노트와 같지만 여기서 한 번 더 강조하기 위해 20번째 노트로 다시 적어 보았다.)

17장
나는 보이는데,
당신도 보이는가?

모든 기업가의 여정에는 꿈이 있습니다. 가능한 꿈이 있습니다. 과연 성공이 어떤 것인가에 대한 비전이 있습니다. 여러분들은 스스로의 꿈과 비전을 이루어냈습니다. 사업을 두 배나 성장시켰으니까요……. 그러나 그 여정은 아직 끝나지 않았습니다…….

2012년이었다. 에릭 처치가 사업을 총괄하고 있었고, 데이비드 St. 제임스는 프랜차이즈 파트너 모집과 관리를 맡았으며, 위저드Wizard사가 제작한 광고들이 TV와 라디오를 통해 방송되고 있었다.

마치 로켓이 하늘로 솟구치기 위해 막 점화되고 있는 형국이었다.

프랜차이즈 파트너들을 통한 매출이 두 배로 늘었다.

이제 또 다른 그림을 마음속에 그려볼 시간이었다.

앞에서도 말했던 것처럼, 마음의 그림을 그린다는 것은 미래에 일어났으면 하고 기대하는 상황들을 그것들이 실제로 일어나고 있는 것처럼 현재시제로 자유롭게 적어보고, 그렇게 그려진 미래의 그림들을 신뢰할 만한 주변 동료들과 공유하는 것이다.

2012년, 우리는 라스베이거스에서 경영진 만찬을 열었다. 나는 마이크를 잡고 하와이언 셔츠를 입은 채 만찬장을 가득 메우고 있던, 각지에서 온 프랜차이즈 파트너들에게 다 함께 미래를 볼 수 있도록 눈을 감아달라고 요청했다.

"자, 눈을 감아 보세요. 지금 당신은 바닷가에서 3미터쯤 떨어진 모래사장에 앉아서 수평선으로 지는 해를 바라보고 있습니다. 하와이의 산들바람이 느껴집니다. 사방에서 축하하는 소리가 들려옵니다. 음악과 웃음소리가 들리고, 잔을 가볍게 부딪치는 소리도 들립니다. 지금 당신은 가장 가까운 친구들과 가족들에게 둘러싸여 있습니다. 그리고 잠시 멈춰 서서 당신이 느끼는 자부심을 되새기고 있습니다. 모든 기업가의 여정에는 꿈이 있습니다. 가능한 꿈이 있습니다. 과연 성공이 어떤 것인가에 대한 비전이 있습니다. 여러분들은 스스로의 꿈과 비전을 이루어냈습니다. 사업을 두 배나 성장시켰으니까요……. 그러나 그 여정은 아직 끝나지 않았습니다…….”

그리고 이어서 새로 만들어진 미래에 대한 그림을 읽어 나갔다.

◇◇◇◇◇◇◇◇◇◇◇◇◇◇◇◇◇◇◇◇◇◇◇◇

미래에 대한 그림 2016

알로하! 매년 열리는 경영진 만찬에 참석하기 위해 아름다운 마우이섬을 찾아주신 여러분들을 환영합니다. 2017년 3월 1일 오늘 밤은 우리가 몹시도 기다려 왔던 저녁입니다. 오늘 밤, 나는 2012년에 라스베이거스에서 읽었던 미래에 대한 그림 2016을 다시 읽고 모든 프랜차이즈 파트너들과 그들의 직원들, 그리고 모든 본사 직원들과 우리의 비전이 현실로 이루어진 것을 축하하기 위해 하와이를 찾은 모든 가족들에게 건배를 제의하겠습니다.

획기적인 이정표

우리는 1-800-GOT-JUNK?의 목표를 이루기 위해 매일매일 최선을 다한다. 그것은 폐기물처리라는 평범한 사업을 대단한 사업으로 키우는 일이다. 2016년에 우리는 새로운 이정표를 만들었다. 체계적인 영업을 통해 2억 달러의 매출을 달성한 것이다! 우리의 고객들 덕분에 우리는 큰 성장을 이루었고, 우리가 서비스하는 모든 시장을 지배하는 브랜드가 되었다. 1-800-GOT-JUNK?는 미국과 캐나다, 그리고 오스트레일리아의 거의 모든 대도시에서 누구에게나 알려진 친숙한 이름으로 빠르게 인정받고 있다.

리더십

우리는 함께 했기 때문에 혼자일 때 이룰 수 있는 것보다 훨씬 크고 나은 결과를 만들었다. 우리는 1-800-GOT-JUNK?에서 일하면서 가본 사람이 별로 없는 길을 택하고, 앞장서서 걸어가고, **승리한다**는 자부심을 느끼고 있다. 우리의 성장은 세 가지의 리더십 원칙에 의해 성취된다. 그 세 가지는 서로에 대한, 그리고 서로의 기여에 대한 책임감; 시스템 안에서 힘을 유기적으로 연결하고 함께 일하는 협력; 마지막으로 현실에 끊임없이 도전하는 혁신이다.

승리한다는 것은 얼마나 멋진 일인가. 우리는 모두 집중적인 노력으로 2011년 대비 매출을 두 배 이상 신장시켰고, 시장을 지배했으며, 각종 상과 표창을 휩쓸었다! 경쟁력 있는 정보를 얻고자 치열히 노력한 결과, 우리는 우리가 뛰어든 사업 분야의 잠재력과 시장 규모를 제대로 측정할 수 있었고, 미래를 전망할 수 있었으며, 경쟁자를 압도하는 현명한 결정들을 내릴 수 있었다. 우리는 **무엇을** 하느냐가 아니라 그 일을 **어떻게** 하느냐로 인정받는 세계적인 브랜드로 빠르게 알려지고 있다. 우리의 리더십은 빛나고 있다. 완벽한 사례가 있다. 우리가 수거한 폐기물의 2/3 이상이 쓰레기 매립지에 옮겨져 처리되기 때문에 1-800-GOT-JUNK?는 **가장 큰** 폐기물 처리업체일 뿐 아니라 **가장 환경 친화적인** 브랜드로 평가받는다는 것이다.

우리는 크게 생각하고, 가능성을 보고, 그것을 집중과 신뢰, 그리고 노력을 통해 실현하는 방식으로 회사를 이끈다. 우리는 혁신가들이다. 우리는 우리 사업의 모든 영역을 개선하기 위해 현대화된 기술을 이용하여 전반적인 해결책을 만든다. 고객들은 우리를 통해서 새로운 경험을 할 수 있었다. 고객들은 온라인을 통해 폐기물을 수거하기 위해 오기로 한 트럭이 지금 얼마나 멀리 떨어져 있으며, 어느 길을 달려오고 있는지 실시간으로 확인할 수 있고, 담당 기사의 얼굴과 이름까지 미리 확인할 수 있다. 애플리케이션을 이용한 관리체계를 수립하여 영업 팀장들이 출동한 트럭에 실린 폐기물의 무게가 어느 정도이며, 그로 인해 매출이 얼마나 올랐는지 실시간으로 확인할 수 있도록 했다. 현장 팀이나 고객들 모두 종이 없이 전자문서를 통해 모든 작업을 진행하고 있다. 우리의 혁신은 **관계**와 **인지도** 그리고 **고객만족**이라는 목표로 디자인된다!

관계

관계는 간단하지만 중요한 원칙이다. "관계란 사람에 관한 것이 전부이다." 우리는 적임자를 찾아내고 그들을 정당하게 대우하기 위해 쉬지 않고 노력한다.

승리하는 팀이 만들어지고, 작동한다! 우리 팀들은 최고의 고용주들과 프랜차이즈 업체에 주는 상들을 받는다. 본사와 프랜차이즈 파트너들 사이의 협력체계는 그 어디서도 볼 수 없는 최고의 신뢰로 역사상 가장 강력한 파트너십에 이르고 있으며, 프랜차이즈 파트너들과 각 지사의 직원들 사이의 유대는 공고히 다져져 있다. 프랜차이즈 파트너들은 경영자문단과 프랜차이즈 자문위원회에 의해서 열리는 회의와 연수, 그리고 수평적 멘토 활동을 통해 지도와 감독을 받는다. 이것이 진정한 관계이다.

우리 안에는 1-800-GOT-JUNK?의 문화가 있고, 그것은 우리가 활동하는 모든 것이라고 할 수 있다. 우리는 PIPE(Passion, Integrity, Professionalism, and Empathy; 열정, 정직, 프로정신, 공감)의 원칙에 의해서 작동하는, 모든 이들이 선망하는 조직이다. 우리는 특유의 집중력 높으면서도 즐거운 기업 문화에 의해 마치 가속페달을 밟아 속력을 점점 높여 가는 자동차처럼 굴러간다. 우리는 우리만의 특별한 무언가를 구축해 간다는 가치관과 흥분을 공유하는 사람들을 고용하고 그들을 귀중하게 대우함으로써 발전하는 결과 중심적인 조직이다. 우리의 자존심은 틀림이 없다. 사람들은 전염성 높은 "푸른 가발 정신"의 일원이 되기 위해 1-800-GOT-JUNK?의 문을 두드리고 있다. 우리 본사의 채용 및 심사 시스템은 각국에서 지사를 경영하는 프랜차이즈 파트너들이 TOM(우리는 영업의 최전선에서 활동하는 폐기물 수거 요원을 그렇게 부른다)을 쉽고 빠르게 채용할 수 있도록 잘 작동하고 있다.

사람들은 우리에게 "어디를 가도 당신 회사 트럭이 보이더군요!"라고 말한다. 우리 특유의 마케팅 스타일과 공손한 태도로 인해 가정 고객들은 물론 산업계에서도 전례 없는 화제를 몰고 다녔다. 우리는 세계 전역으로 인지도를 넓혀 가고 있다. 또한 모든 사람이 우리 회사 특유의 깨끗하고 윤기 나는 트럭과, 1-800-GOT-JUNK? 브랜드에 대한 높은 자부심으로 무장한, 단정한 유니폼을 입은 친절한 운전기사를 알아본다. 프랜차이즈 파트너들과 그들 밑에서 일하는, 항상 환한 미소로 일하는 TOM들은 서비스 업계의 롤 모델로 자리 잡고 있다.

이처럼 미디어의 주목을 받는 브랜드도 없었다. 사람들은 **오프라 윈프리**가 직접 언급하고 **엘렌(Ellen**, 옮긴이 주—토크쇼인 〈엘렌 쇼〉의 진행자)과 《월스트리트 저널》, 그리고 〈굿모닝 아메리카〉(옮긴이 주—유명 아침 뉴스 프로그램)에서도 크게 다뤄진 바 있는 우리 브랜드를 신뢰하지 않을 수 없을 것이다. 우리는 영향력 있는 매스미디어에 홍보를 집중시키는 전략을 통해 이런 신뢰의 이미지를 구축해 나갔다. 우리는 방송 홍보 전략을 일관성 있으면서도, 각 매체 간에 보완적이고, 과학적으로 수행했다. 그 결과 홍보 전략은 매출을 두 배로 증대시키는 데 크게 기여했다. 우리 회사가 가지고 있는 중요한 강점은 우리와 고객 사이의 관계가 매우 끈끈하다는 것이다. 우리는 그간 축적한 고객들에 대한 데이터에 힘입어 가장 적절한 시간에, 적절한 메시지를 들고 고객들을 만날 수 있었고, 그 결과 우리 영업의 성과는 계속 새로운 고점을 갱신해 갈 수 있었다. 우리는 첨단 시스템을 혁신적으로 사용하여 고객 한 사람 한 사람의 독특한 요구와 기호에 맞는 일대일 마케팅을 전개할 수 있었다.

고객만족

우리의 꾸준한 성장을 책임진 또 하나의 시스템은 Net Promoter Score(NPS)라고 부르는 고객 만족 측정 시스템이다. 이 시스템을 통해 우리 회사에 대한 고객 만족도를 측정한 결과, 고객들은 1-800-GOT-JUNK?에 대해 **매우 만족하고 있다**는 결과가 나왔다. 우리 회사의 규모나 조직은 세계적이지만, 우리 회사에 대한 고객들의 경험과 기억은 지극히 개인적일 수밖에 없다. 우리는 "더 높이, 더 멀리 도약하고자 하는" 영업 센터에서부터 환영의 전화에 이르기까지, 트럭 팀의 전화에서부터 우리의 잊을 수 없는 후속 조치에 대한 감사의 전화에 이르기까지, 고객들과 우리 사이에서 일어나는 모든 접촉을 그들과 **소통할** 기회로 삼는다. 또 우리의 각

지사의 요원들과 프랜차이즈 파트너들은 기회가 있을 때마다 고객들에게 손으로 직접 쓴 인사의 편지를 보내 그들과의 심리적 유대관계를 유지한다.

우리는 약속한 것은 반드시 지킨다. 이를 위해 우리는 품질집중분야(QFA; Quality Focus Areas)에 전념하고 있다. 그 세부항목은 각각 정시 서비스, 선불요금제, 청결하고 깨끗하게 세차된 트럭, 깨끗한 제복을 입은 친절한 수거 기사 등이다. 고객들은 우리에게서 뭔가 특별함을 느낀다. 그들은 우리 TOM들이 도착하는 순간을 **즐거워한다**. 안도감에 젖어 **편안한 숨을 내쉰다**.

성공

프랜차이즈 파트너의 수익성은 1-800-GOT-JUNK?를 성장시키는 근본이다. 조직이 크게 성장하려면 제일 아래 구조에서 눈을 떼서는 안 된다. 프랜차이즈 파트너들의 수익은 우리의 성장과 성공의 열쇠이다. 본사를 위해 일하는 프랜차이즈 파트너들과 그 하부 조직이 돈을 벌고, 그 돈이 다시 재투자되는 순환 구조가 잘 돌아가야만 본사도 꾸준한 이익을 낼 수 있다.

"사람들은 실패하지 않는다. 실패는 시스템이 한다."라는 정신은 우리 특유의 기업문화 안에 단단하게 자리하고 있는 믿음이다. 시스템의 허점을 부단히 찾아내고 계속해서 개선해 내야만 최고의 자리를 뺏기지 않고 더 높이 올라갈 수 있다.

성공이란 곧 승리하고, 공헌하고, 인정받고, **즐기는** 것이다. 우리는 세계적으로 호평받는 브랜드를 만들어 내기 위해 팀이 되어 일한다. 우리는 각자가 개인의 목표를 달성하는 과정에서 서로를 돕는다. 우리는 평범하고 하잘것없어 보이는 사업 분야인 폐기물 수거라는 분야를 **아주 특별한 것**으로 만들어 가는 여정에서 각자가 세운 이정표에 대해 서로에게 아낌없는 축하를 보낸다.

18장
축하파티는 마우이가 아닌
카우아이에서 했다

에릭 처치는 목표를 충분히 달성할 수 있다는 안도감과 확신을
심어 주었다.
DSJ는 언제나 그렇듯이 우리 모두를 열광시켰다.
위저드와 그의 아내 프린세스 페니는 홍보 분야에 힘을 보탰다.
그리고 나는 우리 본사의 직원들을 모두 그곳에 데려와 그들을
격려했다. 그들이 없으면 할 수 있는 것은 아무것도 없다.

500여 명이 카우아이에 있는 그랜드 하얏트 호텔에 모
였다. 그곳은 4년 전에 그렸던 미래에 대한 그림을 떠올
리며 축하하기에 아주 좋은 장소였다.

몇 년 전에 그려 보았던 미래에 대한 그림을 현재의 실
제 모습과 비교하여 보면, 이루어지지 못한 부분도 분명
히 있다. 우리는 아직도 〈엘렌 쇼〉에서 우리를 불러주
기를 기다리고 있다(엘렌 씨, 혹시 귀하께서 이 책을 읽는다

면 언제라도 연락해주세요. 기다리고 있습니다!).

이처럼 성취되지 못한 부분도 있지만, 4년 전 우리는 매출을 두 배로 올리겠다는 그림을 그렸고, 그 목표는 초과하여 달성되었다.

> 📝 **NOTE 21** 당신의 귀는 특별한 무언가를 말하는 당신의 목소리를 듣고 싶어 한다. 가능한 한 당신의 귀를 즐겁게 하라.

우리는 다시 한 번 매출을 두 배로 늘리기 위해, 새로운 여정을 시작하려고 하고 있다.

그러나 잠시 멈추고, 현실을 점검해야 한다:

- 폴 가이가 경영하는 지사는 가장 높은 실적을 내고 있지만, 그는 토론토라는 대도시를 책임지고 있다.
- 전체 실적으로 보면 폴보다 뒤지지만, 프랜차이즈

파트너 1인당 실적 부문에서는 폴의 지사보다 앞서는 지사들이 꽤 있다. 다만 그들이 맡은 지역의 규모가 작기 때문에 전체 실적에서 두드러지지 않을 뿐이다.

- 만일 모든 1-800-GOT-JUNK? 파트너들이 폴의 1인당 실적을 뛰어넘는다면(이미 그런 파트너들이 있다는 사실을 기억하라), 새로 설정한 높은 목표를 달성하는 것이 불가능하지는 않을 것이다.

좋다. 현실 점검이 끝났다.

우리는 1999년인 것처럼 파티를 즐겼다(프린스의 노래 〈1999〉의 가사처럼).

에릭 처치는 모든 파트너에게 목표를 충분히 달성할 수 있다는 안도감과 확신을 심어 주었다.

DSJ는 언제나 그렇듯이 우리 모두를 열광시켰다(그리고 그때쯤, 우리는 그를 전무급으로 승진시켰다).

위저드와 그의 아내 프린세스 페니는 파트너들 앞에서 새로 내보낼 TV와 라디오 광고에 대한 대체적인 구상을 밝힘으로써 홍보 분야에 힘을 보탰다.

　그리고 나는 우리 본사의 직원들을 모두 그곳에 데려와 그들을 격려했다. 본사는 각처에서 걸려오는 모든 주문과 문의가 집중되는 곳이다. 그들이 없으면 할 수 있는 것은 아무것도 없다.

19장
경계를 넓혀라

대개의 성공적인 사업 아이디어가 그렇듯이, 이 세 가지의 새로운 브랜드는 부주의하고 무성의한 서비스를 받을 때 느끼는 불만과 짜증에서 시작되었다. 즉 내가 "왜 이렇게밖에 못 하지? 누군가가 이걸 좀 제대로 해야 하지 않을까?"라고 투덜거리던 데서부터 시작했다.

바로 이어서 "차라리 우리가 이걸 해볼까?"라는 생각이 떠올랐다.

> 📝 **NOTE 22** 만일 세웠던 인생의 목표가 실제로 죽기 전에 이루어진다면, 목표를 지나치게 낮게 잡은 것이다.

1-800-GOT-JUNK?는 굳이 내가 크게 신경 쓰지 않아도 DSJ가 사실상의 전문경영인이 되어 충분히 잘 운

영하고 있었다. 그래서 나와 에릭 처치는 또 다른 미래를 위해 무엇을 할 수 있고, 무엇을 해야 하며, 또 무엇이 실제로 실현 가능한지와 같은 꿈을 여유롭고 자유롭게 꿔 볼 수 있었다.

> ✏️ **NOTE 23** 아직 현실로 이루어지지 않은 것들에 대해서 마치 이미 성취한 것처럼 말한다는 것은 좀 뻔뻔한 일이기는 하다. 그러나 어떤 일이 있어도 그 일을 이룰 것이라는 믿음을 당신의 마음 깊숙이 가지고 있다는 뜻이기도 하다.

"우리는 세 개의 프랜차이즈 브랜드를 새로이 론칭할 것이고, 그것들은 하나같이 놀라운 성공을 거둘 것이다."

대개의 성공적인 사업 아이디어가 그렇듯이, 이 세 가지의 새로운 브랜드는 부주의하고 무성의한 서비스를 받을 때 느끼는 불만과 짜증에서 시작되었다. 즉 내가 "왜 이렇게밖에 못 하지? 누군가가 이걸 좀 제대로 해야 하지 않을까?"라고 투덜거리던 데서부터 시작했다.

바로 이어서 "차라리 우리가 이걸 해볼까?"라는 생각이 떠올랐다.

그리고 회사의 경영관리 팀에는 여러 개의 브랜드를 통합해서 관리하는 일종의 지주회사를 세우는 방안을 추진하라고 주문했다.

그러자 그들은 "지주회사의 이름 겸 브랜드는 뭐로 하지요?"라고 물었다.

나는 늘 내가 평범한Ordinary 사람이라고 생각했다.

Ordinary

그리고 나는 특별한Exceptional 뭔가를 성취하기를 원하는 경영자들을 모아 프랜차이즈를 조직했다.

Exceptional

이렇게 생각이 미치던 중 순간적으로 아주 괜찮은 브랜드명이 떠올랐다:

Ordinary to Exceptional(평범함을 넘어 특별함으로)

이렇게 해서 우리 회사의 통합브랜드인 O2E가 탄생했다.

20장
집을 새로 칠하던 날

특히 내 눈을 끈 것은 라임 반 조각과 캔디 두 개로 미소 띤 얼굴을 만든 젤라토였다. 나는 중얼거렸다. "저런 느낌이 좋아. 내게 웃고 있고, 말을 거는 것 같아." 나는 그것을 사진으로 찍어 "Capture this magic for WOW 1 DAY PAINTING."이라는 문구와 함께 로고를 디자인하는 직원에게 보냈다.

그는 내가 보내준 사진과 문구를 적극적으로 반영하여 새로운 로고와 캐치프레이즈를 만들어 냈다.

내가 살던 집을 새로 칠해야 했다. 그래서 페이스북을 통해 몇몇 친구들의 도움을 받았다.

두 명의 친구가 각각 하나씩 추천했는데 모두 이름을 들어 알고 있는 회사들이었다. 일단 이 두 회사에 전화하여 견적을 받아 보았다.

나하고 가장 친한 사람들 가운데 한 명인 또 다른 친구는 "One Day Painting이라는 회사가 있어. 그 회사의 짐이라는 사장과 통화해 봐."라고 말했다.

우선 앞의 두 회사와는 더는 대화를 진행하지 않기로 했다. 견적 상담 차 나온 직원이 내 사무실에 들어서는 순간부터 담배 냄새를 풍겼을 뿐 아니라 약속 시간도 제대로 지키지 않았고, 두서가 없어 보였으며, 깔끔한 유니폼도 입지 않았기 때문이다. 한마디로 좋은 인상을 받지 못했다.

그리고 얼마 후, 세 번째 회사의 짐 보던이 내 사무실로 찾아왔다. 그는 유니폼을 입고 있었다. 그리고 아이패드 앱을 이용하여 견적을 냈다. 주차장에 있는 그의 차는 세차상태가 꽤 양호했고, 차체에는 "One Day Painting"이라는 회사명 겸 로고가 적혀 있었다. 나는 내심 "이 회사 괜찮군." 하고 생각했다.

짐은 말했다. "저희 견적가격은 다른 회사와 비슷합니다. 그러나 서비스의 질은 매우 우수하다고 자부합니다. 무엇보다도 우리는 모든 작업을 당일 내로 끝내는 것을 원칙으로 하고 있습니다."

나는 말했다. "그게 가능한가요?"

그는 바깥에 주차된 차를 가리키며 말했다. "우리 회사 이름이 One Day Painting 아닙니까? 이름 그대로입니다."

"그게 어떻게 가능한지 모르겠군요. 하여간 좋습니다." 그렇게 우리는 악수를 하고 헤어졌다. 그러나 나는 마음속으로 생각했다. "이틀쯤 걸린다 해도, 그렇게 느린 건 아니야. 두 주일씩 걸리는 것보다는 훨씬 빠르지."

나는 집을 칠하는 작업일자를 예약했고, 그날 저녁 6시 30분쯤 집에 돌아왔다. 실내 바닥은 윤이 났고, 벽도 완벽했다. 몰딩과 세부 손질도 아주 좋았다. 게다가 부엌은 원래의 어두운색을 걷어낸 후 새롭게 칠하기로 했기 때문에 상당히 손이 많이 갔을 텐데도 깔끔하게 마무리되어 있었다. 신선한 충격을 받았다.

나는 짐에게 전화를 걸어 극찬을 아끼지 않았다. "정말 고맙소! 믿을 수가 없어요! 대단해요! 그런데 당신 회사를 전국적인 프랜차이즈 기업으로 키워볼 생각 안 해봤소?"

그가 말했다. "사실 생각 안 해본 것은 아닙니다. 그런데 쉽지가 않더군요."

나는 말했다. "같이 맥주 한잔하면서 얘기 좀 나눕시다. 어쩌면 내가 좀 도움이 될지도 모르겠습니다."

그리고 바로 도색업계의 전문가인 제임스 알리쉬James Alisch에게 전화를 걸어 상의했다. "One Day Painting을 내가 인수해서 그쪽 업계에 새로운 바람을 일으켜 보고 싶은데, 한번 점심 식사라도 하면서 얘기 좀 합시다."

점심 식사가 끝날 무렵 제임스는 나를 만류했다. "그 회사를 인수하지 마세요. 잘 안 될 겁니다. 맨땅을 머리로 들이받는 것이나 마찬가지입니다."

그는 그 회사를 인수해서는 안 될 이유를 여러 가지 말했지만, 가장 중요한 것은 모든 작업이 다 쉽고 간단하지는 않기 때문에 하루 안에 끝내겠다는 고객과의 약속을 지키기가 매우 어렵다는 것이었다.

🖊 **NOTE 24** 누군가로부터 반대 의견을 들을 때, 두 가지 선택이 가능하다: 하나는 그 말을 받아들여 마음속에 타오르던 불꽃을 꺼 버리는 것이고, 또 다른 하나는 그것을 불꽃을 더욱 크게 키우는 연료로 활용하는 것이다.

나는 늘 불가능해 보이는 일에 도전하고 싶어 하는 사람이었기 때문에, 그의 조언을 받아들이지 않았다. 비록 친한 친구이자 해당업계 전문가로부터 어리석다는 비판까지 받았지만, 나는 그 기업을 인수했고 프랜차이즈 조직을 갖춰 나갔다. 회사를 인수한 후 그리 오래 지나지 않아 회사의 실태를 파악할 수 있었다.

"이미 다른 업종에서 다국적 프랜차이즈망을 갖춰본 성공의 경험이 있으니 이것도 충분히 할 수 있을 거야!"라며 좀 오만하기도 했던 것 같다.

그로부터 2년 후, 우리는 건물도색업체의 프랜차이즈망을 실제로 갖추게 되었다.

하지만 고객들은 One Day Painting이라는 콘셉트에 그렇게 깊은 관심이 없는 듯 보였다. 다시 말하면, 이 회사의 이름과 로고가 고객을 확보하는 데 큰 역할을 하지 못하고 있었다는 말이다. 우리는 그 이유를 정확하게 규명해 낼 수 없었다.

나는 마음속으로 짐 보던이 쓰던 푸른색과 오렌지색이 섞인 로고의 디자인과 색깔을 그대로 사용한 것이 문제가 아닐까 하는 의문을 품게 되었다. 그 로고를 볼 때마

다 나는 한 대학축구팀이 자꾸 떠올랐다. 어쩌면 그 로고
가 고객들이 집을 새로 깨끗하게 칠한다는 생각을 떠올
리는 것을 방해하고 있는 것인지도 몰랐다.

길을 잘못 들었다고 생각할 때, 가던 길을 돌이
켜 바른길을 찾아 걸어본 경험이 있는가? 나는 늘
그렇게 해 왔다. 나는 One Day Painting이라는
완벽한 아이디어를 제때에 만났으나, 그 아이디어
를 둘러싼 외피가 적절하지 못했다.
나는 결단을 했다. "새로운 브랜드를 만들자."

앞에서 "무언가를 위해 최선을 다하는 순간, 우주
가 당신을 돕기 위해 힘을 모은다."고 말했던 것을 기
억하는가? 그때 나는 가족과 함께 이탈리아의 피렌체
를 여행하고 있었다. 거리를 걷던 중, 50종류의 각기 다
른 향을 가진 젤라토(옮긴이 주—이탈리아식 아이스크림)
를 파는 작은 가게 하나가 눈에 들어왔다. 특히 내 눈
을 끈 것은 라임 반 조각과 캔디 두 개로 미소 띤 얼굴
을 만든 젤라토였다. 나는 중얼거렸다. "저런 느낌이 좋

아. 내게 웃고 있고, 말을 거는 것 같아." 나는 그것을 사진으로 찍어 "Capture this magic for WOW 1 DAY PAINTING."(하루 만의 페인팅 마법을 체험해 보시길)이라는 문구와 함께 로고를 디자인하는 직원에게 보냈다.

그는 내가 보내준 사진과 문구를 적극적으로 반영하여 새로운 로고와 캐치프레이즈를 만들어 냈다.

이것은 실패로부터 성공을 이끌어낸다는 오래된 패턴을 다시 한 번 보여주었다.

처음에 나는 오만하게도 나의 시스템과 경험으로 취약한 브랜드 이미지를 이겨낼 수 있을 거라고 확신했었다. 그러나 그것은 나의 잘못된 생각이었다. 초창기의 실패가 내가 틀렸음을 입증해 주고 있다.

그러나 여기서 다시 한 번 마음에 새길 말이 있다: 실패는 순간이라는 것이다. 우리는 실패를 알아챘고 그것을 인정했으며 바로 잡을 방안을 찾아냈다. 당신이 실패를 알아보고 그것을 낙관적으로 받아들일 때 창의성이 밝은 빛을 비춘다.

내 경우에도 밝은 빛이 내 마음속을 채웠을 때, 이탈리아의 거리 구석에 있던 젤라토가 눈에 들어왔었다.

나는 우리의 새로운 브랜드 로고와 콘셉트를 제임스 알리쉬에게 보여주었다. 그는 말했다. "나도 여기서 일하고 싶군."

회의적인 눈으로 바라보던 제임스는 새로운 브랜드 로고와 콘셉트를 보더니 내 계획의 열렬한 전도자가 되었다. "맨땅을 머리로 들이받는 것이나 마찬가지입니다." 라는 말까지 하며 나를 극구 말렸던 알리쉬는 WOW 1 DAY PAINTING의 총책임자가 되었다.

이후 그는 아주 성공적으로 맡은 바를 해 냈고, 지금은 우리의 O2E 브랜드 산하의 두 가지 사업을 책임지고 있다.

21장
이사 가던 날

나는 주변의 신뢰할 만한 친구들과 이 사업에 대한 얘기를 나눴고, 우리는 모두 이사업계를 뒤흔들 기회를 갖게 되었다는 것에 고무되었다. 에릭 처치와 폴 가이, 톰 리프마, 로리 바기오, 그리고 나는 함께 모여 이삿짐 사업을 본격적으로 시작하기 위한 회의를 하기로 의견을 모았다. 우리는 밴쿠버에서 모여서 휘슬러로 함께 자리를 옮겨 얘기를 나눠 보기로 했다.

나와 아내가 새집을 얻어 이사하던 때의 일이다.

마침 여행을 왔다가 우리 회사의 본사를 방문해 나와 명함까지 교환한 이삿짐 업체 운영자 한 사람을 알고 있었다. 그는 이사운반업이 가족 사업이라고 말했던 사람이었다. 그는 그때 "혹시 이사 계획이 있으시면 연락 주세요. 여기 제 명함이 있습니다. 연락 주시면 VIP로 모시겠습니다."라고 말했었다.

그 명함을 잃어버리지 않고 가지고 있었기 때문에 나는 그에게 전화를 걸었다.

그 회사의 캐치프레이즈 가운데 하나가 "정시 도착. 철저한 시간 엄수."였다.

그러나 그들은 45분이나 늦었다.

또 그들이 진흙 묻은 신발을 신고 걸어 다닌 탓에 지하실에 깔아 놓은 새 카펫에 갈색 줄무늬 자국이 생겼다.

이삿짐을 나르는 사람들은 하나같이 이어폰을 끼고 음악을 들으며 일을 하고 있었다. 그들은 큰 소리로 내게 "이 상자는 어디에 놔야 하죠?"라고 묻곤 했다.

거기에 내가 대답을 해주면 다시 물었다. "뭐라고요? 어디라고요?"

생각 같아서는 "그 이어폰을 빼면, 내 얘기가 들릴 것 아니요?"라고 하고 싶었지만, 꾹 참고 미소 띤 얼굴로 더 큰 소리로 대답해 주고 넘어갔다.

그러던 중 위층에서 그들이 말했다. "문제가 좀 있는 것 같아요."

나는 위로 올라가서 그들에게 말했다. "무슨 문제인

가요?"

그들은 매트리스를 좁은 계단을 통과해 위층으로 올리느라 끙끙대고 있었다. 그러다가 지퍼를 열어 매트리스 커버를 벗겨냈고, 커버 안에 있던 유기농 면 매트리스가 드러났다. 파스타 요리의 일종인 라자냐를 만들면서 면 발이 엉켜 있는 모습을 떠올려 보라. 우리 매트리스가 꼭 그렇게 되어 버렸다.

결국 우리는 매트리스를 새로 사야 했다. 매트리스 커버를 벗겨 안의 것을 분리하는 사람이 세상에 어디 있는가?

그것은 그들이 저지른 실수 가운데 하나를 예로 든 것에 불과하다.

그들이 내 아내가 가장 좋아했던 화분의 작은 나무를 부러뜨리고 결국은 그것을 죽게 만든 순간은 You Move Me라는 브랜드가 시작된 순간이기도 했다.

라라는 그 나무를 끔찍이 아꼈었다.

나는 자신의 실수를 인정할 줄 아는 사람을 존중하기 때문에, 이삿짐 업체 대표로부터 나를 찾아와 직원들의 실수에 대해 나의 의견을 듣고 싶다는 전화를 받고 이렇게 말했다. "만나는 것은 얼마든지 좋습니다. 그러나 저는 가감 없이 있는 그대로 얘기할 것입니다. 이사비용을 깎아 달라고 할 생각은 없습니다. 다른 것을 요구하지도 않을 것입니다. 그러나 당신 직원들의 서비스에 대해서 가감 없이 얘기할 생각은 있습니다."

실제로 나는 그를 만나 내가 느낀 모든 얘기를 한 후에 한마디 덧붙였다. "회사를 하나 더 만들어서 이쪽 업종에 진출할 생각입니다. 새 회사는 이렇게 못하지는 않을 겁니다."

그는 솔직하게 말해 준 것에 감사해했다. "저도 제 사업에 뭔가 변화를 분명하게 주어야겠습니다."

"뭔가 좀 더 나은 길이 없을까?" 이런 고민을 해 본 경험이 있는가? 나는 내 본능에 귀를 기울이는 법을 배웠다. 그렇게 하는 것이 가능성을 발견하는 가장 좋은 방법이 될 경우가 있다. 영감이 어디에서 떠오를지 아무도 모른다!

나는 주변의 신뢰할 만한 친구들과 이 사업에 대한 얘기를 나눴고, 우리는 모두 이 사업계를 뒤흔들 기회를 갖게 되었다는 것에 고무되었다. 에릭 처치와 폴 가이, 톰 리프마, 로리 바기오, 그리고 나는 함께 모여 이삿짐 사업을 본격적으로 시작하기 위한 회의를 하기로 의견을 모았다. 우리는 밴쿠버에서 모여서 휘슬러로 함께 자리를 옮겨 얘기를 나눠 보기로 했다.

그런데 톰으로부터 전화가 왔다. "다음 비행기를 타야겠어요. 네 시간쯤 늦을 것 같아요."

그러자 폴이 말했다. "그럼 운동복이나 사러 갑시다."

우리는 잠시 어리둥절하여 그를 쳐다보았다. "무슨 소리야?"

"다 함께 운동복을 맞춰 입읍시다."

우리는 말했다. "좀 황당하기는 한데. 좋아, 그렇게 하자고."

우리는 밴쿠버 시내로 차를 몰고 가서 똑같은 디자인의 운동복을 다섯 벌 샀다. 흰 줄무늬에 푸른색의 아디다스 운동복. 신발과 양말, 티셔츠까지 맞춰 입었다. 모두 푸른 바탕에 흰 무늬로 디자인된 것들이었다. 우리는 하얀 리무진을 타고 공항으로 톰을 마중하러 갔다.

톰은 수하물을 찾는 곳을 나와서 한눈에 우리가 모두 운동복을 맞춰 입은 것을 알아보았다.

"내 것은 어디 있어요?"

우리는 그에게도 한 벌 건네주었다. "화장실에 가서 갈아입고 오시오. 우리는 이삿짐 사업 얘기나 하고 있을 테니."

톰은 물었다. "왜 하필이면 운동복이야?"

폴이 대답했다. "운동복이면 안 되나?"

✎ **NOTE 25** 사업 얘기는 진지하게 해야 한다. 그러나 당신 자신이 지나치게 심각해져서는 안 된다.

우리는 단체로 맞춘 아디다스 운동복을 입고 이틀 동안 휘슬러에서 지내면서 이삿짐 사업의 미래 청사진을 완벽하게 구상하고 그것을 어떻게 구체적으로 구현할 것인가를 논의했다.

휘슬러에서 이틀을 보내고 돌아오자마자 우리는 바빠졌다. 모든 1-800-GOT-JUNK? 지사와 즉시 연락을 했고, 그들 가운데 25개 지사가 즉시 You Move Me 프랜차이즈 사업을 자신들의 지역에서 병행하기로 했다.

이 업계의 전문가 한 사람이 나를 말렸지만, 역시 내 생각이 잘못되었을 리 없다고 생각했다.

그러나 처음에 이 사업에 뛰어들었던 프랜차이즈 파트너들 가운데 절반 이상이 2년 만에 사업을 포기해 버렸다.

가만 있어보자, 얼마나 많은 실수를 더 해야만 내가 생각하는 것만큼 내가 특별한 사람이 아니라는 것을 깨닫게 될까?

지금 돌이켜 보면, 당시의 1-800-GOT-JUNK? 파트너들은 과거에 비해 덜 배고팠고, 덜 몸소 실천해서 일했던 것 같다. 그들이 당시 비교적 안락한 생활을 누리고 있었고, 더 이상 모험을 하고 싶어 하지 않았다는 것이다.

그들은 You Move Me 사업에 뛰어들었지만, 창업자처럼 생각하지 않고 있었다. 그들은 투자자의 마인드로 새 사업을 대하고 있었다.

그러나 모두가 다 그런 것은 아니었다. 타일러와 조쉬는 캔자스시티에서 매년 수백만 달러의 매출을 올리고 있었는데 그들이 무엇을 어떻게 했는지는 아무도 몰랐다.

이제 행복하고, 배고프고, 열심히 일하고, 몸소 실천하는4H 수십 명의 창업자들이 타일러와 조쉬가 했던 것처럼 엄청난 일을 하고 있다.

타일러, 조쉬! 창업자로서의 리더십을 보여줘서 고맙네.

그러나 분명히 말해 둘 것이 있다. 라라는 지금도 죽은 나무를 떠올리며 짜증을 내고 있다.

그리고 나는 어떻게 하면 이삿짐 사업을 새롭게 바꾸어 낼까 열정적으로 골몰하고 있다.

22장
배수구 치우던 날

데이브 노트와 노엘 폭스의 도움, 그리고 터무니없이 행복하고 굶주려 있고 열심히 일하고 몸소 실천하는 사람들의 덕택에 Shack Shine은 마법 같은 성장을 보여주었고, 파트너들은 자신들이 해야 할 일을 멋지게 해냈다.

빗물이 집 옆으로 쏟아져 내려 밖에 나가면 발이 푹푹 빠질 정도였다. 아내 라라는 "저 배수구 좀 잘 청소했으면 좋겠어."라고 말했다.

나는 온라인에 접속하여 배수구 청소 업자들의 연락처를 찾아내 전화를 걸기 시작했지만, 대부분은 전화를 받지 않았다. 응답기에 전화를 부탁한다는 메시지를 남기기도 했고 이메일도 보내 보았지만, 답신을 보내온 곳은

한 군데도 없었다. 구글과 크레이그리스트Craigslist(옮긴이 주—온라인 광고 사이트)에서 찾은 업체 어느 한 곳으로부터도 연락을 받지 못한 것이다.

WOW 1 DAY PAINTING 프랜차이즈 파트너인 라이 애들러Leigh Adler에게 이 얘기를 했다. "배수구를 청소해야 하는데 업자를 하나도 찾을 수 없어. 미치겠어."

라이는 말했다. "이고르라는 친구한테 연락해 봐요. 그 친구가 데이브 노트Dave Notte라는 사람하고 Shack Shine이라는 회사를 창업해서 일하고 있는 것으로 아는데……."

"데이브 노트? 나도 그 친구 아는데?"

데이브는 폴 가이가 College Pro Painters에서 일할 때의 동료였다. 20년쯤 전에 데이브는 1-800-GOT-JUNK?의 밴쿠버 지역 프랜차이즈 권리를 사고 싶어 해서 나와 몇 번 만나기도 했었지만, 당시 나는 회사를 넘기고 폐기물 수거 업계를 떠날 생각은 없었고, 그렇다고 프랜차이즈망을 전국적으로 확대할 준비도 안 되어 있었기 때문에 그의 제안을 거절했다. 이후 데이브는 창업하여 큰 규모의 상업미술계통의 회사를 운영하며 수백만 달러의 매출을 올렸다.

이고르와 데이브는 우리 집의 배수로를 직접 보기 위해 찾아왔다. 나는 먼저 현장답사를 하면서 나를 감동시키는 그들의 모습을 발견하고 집 밖으로 나가서 그들과 편하고 즐거운 담소를 나누었다.

며칠 지나서, 그들이 우리 집의 일을 맡고 싶어 하는데는, 단지 우리 집의 배수로를 청소해주는 것 이상의 더 큰 이유가 따로 있다는 것을 알게 되었다.

Shack Shine은 배수구를 청소해 주었고, 나는 그들이 일하는 것을 보면서 매우 기분이 좋아졌다. 그들은 아주 철저했고 빨랐고 결과도 아주 좋았다.

이후 데이브는 내게 이메일을 보내 "저희의 서비스가 만족스러우셨습니까?"라고 물었다.

"감탄스럽습니다. 정말 감탄스럽습니다."

그는 다시 답을 보내왔다. "혹시 Shack Shine을 O2E가 인수해 보실 생각은 없으신가요?"

"정말요?"

그는 말했다. "1년 전쯤부터, 혼자 생각해 봤습니다. '브라이언 스쿠다모어는 폐기물 사업같이 지저분하고 폼도 나지 않는, 그래서 아무도 선뜻 하고 싶어 하지 않는 사업에 뛰어들어 자신만의 왕국을 건설한 사람이다. 왜 나는 이 사람처럼 할 수 없는 것일까?'라고 말입니다."

WOW 1 DAY PAINTING의 브랜드 이미지를 만드는 과정에서 겪었던 시행착오의 후유증이 완전히 가시지 않았고, You Move Me를 인수하고 본궤도에 올리는 과정에서도 손쉽게 일을 진행하려다가 아픈 대가를 치른 기억이 있었기 때문에, 선뜻 새로운 브랜드를 또 인수할 엄두가 나지 않았다. 그러나 데이브는 쉽게 포기하지 않았고, 나를 꾸준히 설득했다. 대체로 분기에 한 번 정도는 함께 만나 식사를 하며 그 사업에 대한 이야기도 나눴다.

그러던 어느 날, 나는 그 회사를 인수했다.

Shack Shine이라는 이름은 마음에 들었기 때문에 그대로 사용하기로 했지만, 로고는 마음에 들지 않았다. 그래서 나는 다시 노엘 폭스Noel Fox의 도움을 받기로 했는데, 노엘은 내가 이탈리아에서 보낸 젤라토 사진을 가지고 WOW 1 DAY PAINTING의 로고를 만들어낸 사람이었다.

노엘은 나를 위해 새로운 브랜드를 만들어내는 데 탁월한 감각을 지닌 사람이었다. 그는 모양과 색깔, 글꼴, 그리고 이미지 등을 적절하게 이용해서 말하고자 하는 바를 정확하게 전달해내는 사람이었다.

데이브 노트와 노엘 폭스의 도움, 그리고 터무니없이 행복하고 굶주려 있고 열심히 일하고 몸소 실천하는 사람들의 덕택에 Shack Shine은 마법 같은 성장을 보여주었고, 파트너들은 자신들이 해야 할 일을 멋지게 해냈다.

나는 내가 이제는 오만과 자기 과신에서 교훈을 얻었기를 바란다. 그러나 내가 그러한 방식으로 느끼기 시작할 때마다 내가 오만하고 스스로를 과신하고 있다는 걱정이 든다.

그리고 나는 아마도 그것이 건강한 것이라고 생각한다.

23장
영웅들이 있어야 하는 이유

나는 지금도 아침에 일어날 때마다 Waste Management사로부터 회사 매각 요청을 받고 거절했던 일을 믿을 수 없을 만큼 감사해한다. 만일 그때 회사를 넘겼다면, 기업가정신에 짜릿하게 흥분하는 이처럼 행복하고 멋진 사람들을 만나지 못했을 것이다. 그것은 돈의 문제만은 아니다. 필요한 존재가 되는 것을 좋아하고, 사람들을 행복하게 하는 것을 좋아하며, 즐겁게 성장하는 무언가의 일부가 되는 것을 좋아한다는 점에서 우리는 모두 비슷하다.

사람들이 무엇을 존경하는지를 말해 보라. 그러면 내가 그것들에 대해 중요한 모든 것을 말해주겠다.

당신은 무엇을 존경하는가?

나는 아버지의 자기 단련과 체계성을 존경한다.

나는 어머니의 용기와 격려의 말씀을 존경한다.

나는 조부모님들이 사람을 대하는 모습을 존경한다.

그리고 나의 3학년 때의 선생님인 도즈 선생님을 존경한다.

도즈 선생님은 "이것을 하지 마라. 저것을 하지 마라. 너는 이걸 할 수 없을 거야." 같은 말은 절대 하지 않았다. 그분은 늘 상대가 존중받는다고 느끼도록 사람을 대했다. 그분은 내가 재능이 있다고 생각되는 것들에 열중할 수 있도록 애쓰셨다. 그분은 방과 후에 우리와 플로어하키(옮긴이 주—원래 하키는 빙판이나 인조잔디에서 하지만 간혹 실내의 마룻바닥에서 하기도 한다)를 함께 하기도 하셨다. 나는 그분이 우리를 판단한다고 느껴본 적이 없다. 그분은 우리를 있는 그대로 받아 주셨다. 우리가 어떻든지 그리고 누구인지는 중요하지 않았다.

우리 O2E의 문화는 도즈 선생님이 그랬던 것처럼 모든 사람을 있는 그대로 받아들인다. 우리는 조부모님들이 그랬던 것처럼 그들을 존중한다. 우리는 어머니가 그랬던 것처럼 격려한다. 그리고 아버지가 그랬던 것처럼 철저하게 단련시키고 체계화한다. 이분들은 모두 나의 영웅들이다.

당신의 영웅들은 누구인가?

외할아버지인 케니 로버 씨는 내가 11학년이던 1987년에 돌아가셨다. 만일 할아버지가 2년만 더 사셨다면 할아버지의 군대용품 판매 사업은 내가 이어받았을 것이다. 그러나 생각과는 달리 좀 일찍 돌아가셨고, 외할머니 플로렌스 여사는 혼자 그 사업을 계속하고 싶어 하지 않았기 때문에 가게 문을 닫고 말았다.

그러나 나는 그분들로부터 비즈니스에 대해 배웠다.

나는 그분들로부터 많은 영감을 받았다.

나는 그분들의 삶에서 즐거움을 보았다.

만일 내가 그분들의 가게인 Lorber's Surplus를 맡아 운영했다면 무척 행복했을 테지만, 우주는 나에 대해 다른 계획이 있었다.

📝 **NOTE 26** 당신 앞에 있는 문 하나가 닫힌다고 해서 실망하지 말라. 모든 것은 결국 좋은 결실을 보게 될 것이다.

일이 잘 풀리지 않는다고 해도 끝난 것은 아니다.

다시 한 번 독자 여러분에게 묻는다. 당신의 영웅들은 누구인가?

이 질문에 대한 답을 아는 것이 중요한 이유가 있다.

우리에게는 역사적인 영웅들, 비즈니스 영웅들, 민속 문화 속의 영웅들, 그리고 만화책 속의 영웅들도 있다. 책과 노래, 영화, 그리고 스포츠를 통해 영웅들을 만난다. 리더십의 영웅들, 탁월함의 영웅들, 그리고 친절함의 영웅들도 있다.

그리고 처참하게 쓰러진 영웅만큼 우리의 행복감에 손상을 주는 것도 없다.

영웅이 있다는 것은 위험한 일이다.

그러나 영웅이 없다는 것은 더 위험하다.

영웅들은 우리가 도전해야 할 한계를 높이고, 우리 삶의 기준도 높여 준다. 우리의 영웅들은 우리가 애써 이루고자 하는 모든 것을 상징하는 존

재이다. 우리는 우리의 희망과 꿈을 따라 영웅을
선택한다. 그리고 우리 자신을 그들의 이미지에
가깝게 만들어 간다.

밀레스 레빌Myles Reville은 Shack Shine의 토론토 중부
지역을 담당하는 파트너였는데, 그의 마음속 영웅은 폴
가이였다.

실제로 이런 일이 있었다.

나는 과거에 College Pro Painters에서 일했던 몇몇
사람들과 계속 연락을 주고받고 있었고, 밀레스도 그
들 가운데 한 명이었다. 어느 날, 내가 그에게 링크드인
Linkedin을 통해 메시지를 보냈을 때, 바로 답장이 왔다.
"이봐요, 정말 재미있네. 지금 내가 아파트 창밖으로 당
신 회사의 토론토 지점 간판을 바라보던 중이었단 말입
니다."

그는 마침 우리 회사의 간판을 응시하던 그 시점에 나
로부터 메시지를 받았다는 사실에 재미있어하면서도 왜
내가 메시지를 보냈는지 의아해하고 있었다. 우리는 잠
시간 채팅으로 대화를 나눴다. 그는 조금 전에 토론토에

도착했으며, 뭔가 새로운 것을 찾고 있었다고 했다. 그래서 나는 그에게 우리 Shack Shine에서 일할 것을 권했고, 그는 우리의 지사장이 되었다.

밀레스 레빌은 일하는 데 사용하기 위한 첫 번째 Shack Shine 밴 차량을 주문하면서 그 차량을 군이 토론토가 아닌 밴쿠버에서 찾도록 했다. 그 때문에 그는 밴쿠버에서 토론토까지 그 차량을 몰고 대륙을 횡단하다시피 하는 긴 여행을 해야 했다. 폴 가이가 오래전에 했던 여행을 재현한 것이다. 나는 독자들이 나라도 당연히 물어봤을 만한 질문을 그에게 던졌다. "왜 그렇게 한 거야?"

밀레스는 대답했다. "폴 가이가 그렇게 시작했다면, 나도 그렇게 시작하고 싶었을 뿐입니다."

그는 창업자의 심장을 지닌 사람이었다. 그는 Shack Shine을 내 회사가 아니라 자신의 회사로 만드는 길을 찾아냈다. 그리고 토론토를 자신의 도시로 만드는 방법을 찾아냈다. 그는 역사적인 고비의 순간을 재현함으로써 과거를 뒤로하고 미래를 향해 저돌적으로 달려 나가는 자기만의 의

식을 치른 것이다. 그 여행을 통해 그는 말하고 있었다. "나는 모든 것을 다 던졌다. 안전한 곳은 없다. 유일한 선택지는 성공하는 것뿐이다. 퇴로는 없다."

토론토에서 1-800-GOT-JUNK?를 시작한 것은 브라이언 스쿠다모어가 아니다. 폴 가이가 한 일이다. 샌프란시스코에서 1-800-GOT-JUNK?를 연 사람도 브라이언 스쿠다모어가 아니다. 그 일을 한 사람은 톰 리프마이다. 시애틀에서의 1-800-GOT-JUNK?도 마찬가지이다. 그곳은 닉 우드와 그의 몸에 새겨진 문신의 힘으로 열린 시장이다. 그들이 성취한 성공은 그들 자신의 성공이다. 그것은 돈 주고 산 것이 아니었다. 그것은 그들이 벌어들인 것이었다.

모든 다른 파트너들의 경우도 마찬가지이다.

이것이 창업자의 심장을 지니고 있다는 것의 의미이다.

내가 그들에게 청사진과 연장을 제공한 것은 맞지만, 자신들의 집을 지을 도시를 선택하고 실제로 집을 지은 것은 그들이다. 소유할 만한 가치가 있는 집을 짓기 위해서는 투자자의 심장이 아닌 창업자의 심장을 지녀야만 한다.

내가 그들에게 제공한 청사진은 오랫동안 검증한 시스템과 정책, 그리고 절차이다. 연장은 기술과 마케팅기법 그리고 대중으로부터 사랑받는 브랜드이다.

창업자는 이 청사진을 한 손에 들고, 다른 손으로 연장을 휘두르는 사람이다.

누구도 성공을 돈을 주고 살 수는 없다. 그것은 노력으로 얻는 것이다.

푸른 가발, 볼링셔츠, 임시문신(어떤 경우는 영구문신도 포함), 아디다스 운동복, 이해할 수 없는 대륙 횡단 운전 등은 "나는 활기찬 인생을 사랑한다!"는 행복한 창업자그룹의 외침이다.

나는 지금도 아침에 일어날 때마다 Waste Management

사로부터 회사 매각 요청을 받고 거절했던 일을 믿을 수 없을 만큼 감사해한다. 만일 그때 회사를 넘겼다면, 기업가정신에 짜릿하게 흥분하는 이처럼 행복하고 멋진 사람들을 만나지 못했을 것이다. 그것은 돈의 문제만은 아니다. 필요한 존재가 되는 것을 좋아하고, 사람들을 행복하게 하는 것을 좋아하며, 즐겁게 성장하는 무언가의 일부가 되는 것을 좋아한다는 점에서 우리는 모두 비슷하다.

> ✐ **NOTE 27** 매일의 행복의 열쇠는 감사하는 태도를 유지하는 것이다.

나는 우리가 돈에 너무 많이 휘둘리는 세상에 살고 있다고 믿는다.

나에게 돈이란 목표라기보다는 목표를 이루는 과정에서 얻어지는 부산물인 것 같다. 돈은 당신이 옳은 일을 한다면, 적당한 시간에 적당한 방식으로 당신에게 흘러

들어간다.

　당신이 운전하는 차 또는 사는 집에서 얻는 잠깐의 성
취감은 결코 오래 지속되지 않는다. 내가 아는 가장 행복
한 사람들의 리스트에서 돈은 심지어 높은 순위 근처에
도 못 간다. 그들은 목적, 생활방식, 가족, 친구, 재미 등
과 같이 돈으로는 결코 살 수 없는 것들을 선택한다.
　나는 사람들이 부자가 되는 것에 대해 너무 많이 얘기
하는 것을 멈추고, 그저 그들의 삶에서 이미 가지고 있는
것들에 감사해한다면, 훨씬 더 행복해질 거라고 믿는다.

24장
실패가 클수록, 대가도 커진다

생존하는 것과 삶을 만드는 것은 다르다.
나는 당신이 내가 그랬던 것처럼 삶을 즐겁게 만들어 가기를 바
란다.

　실패의 과정이 없는 결과의 성공이란 공허한 승리이
다. 실패의 과정이 없다면 승리를 얻지 못했다는 것을 당
신은 마음속 깊이 잘 알고 있을 것이다.

　그러나 만일 실망과 후회, 갈망 그리고 포기에
대한 거부—비록 포기가 더 적절해 보이는 상황
일지라도—에 관한 관심을 사로잡는 이야기를 할

수 있다면, 당신은 성취한 모든 것을 누릴 자격이
있다.

당신은 미소로 자신의 실수를 받아들일 것이다.
그것이 모두의 예상을 뛰어넘는 성공을 할 수 있
는 이유이다.

나는 그것을 알고 있다.

당신도 그것을 알고 있다.

당신의 멘토도 그것을 알고 있을 것이다.

그리고 당신의 가족과 친구들도 분명히 그것을 알고
있을 것이다.

당신 주변에 정말로 중요한 또 다른 누군가가 있는가?
있다면, 그들도 물론 그것을 알고 있을 것이다.

이제 우리가 이 책을 통해 나눈 대화의 시간을 마무리
하면서, 당신이 꼭 기억했으면 하는 10가지를 정리해 보
려 한다:

1. 실패는 진정한 성공으로 이르는 문을 여는 열쇠이다; 실패의 가치는 그것이 당신에게 무엇을 알아야 할지를 가르쳐 준다는 데 있다. 시도하고 실패하고 배우는 것을 절대 두려워하지 말라.

2. 실패는 영원하지 않다; 흥미롭게도 성공 또한 그렇다.

3. 반드시 견뎌야 할 실패를 줄이는 유일한 방법은 훌륭한 멘토를 만나 그분을 전적으로 존중하고, 그분의 실패에서 배우는 것이다.

4. 당신이 훌륭한 멘토를 선택한 이후에 당신의 멘토도 또한 당신을 선택해야 한다는 사실을 명심하라.

5. 당신 주위를 창업자처럼 생각하고 행동하는 열정적인 사람들로 채워라.

6. 당신 조직에 있는 모든 사람이 다른 사람들을 원래보다 더 작아지게 이끈다면 당신의 조직은 소인들의 무리가 될 것이다.

7. 당신 조직에 있는 모든 사람이 다른 사람들을 원래보다 더 커지게 이끈다면 당신의 조직은 거인들의 무리가 될 것이다.

8. 당신의 영웅을 현명하게 선택하라. 그 선택에 따라 당신이 누구인지가 결정된다.

9. 진정한 행복이란 미래에 대한 두려움 없이 현재를 즐기는 것이다.

10. 실패와 기꺼이 마주하라(Be WTF)!

생존하는 것과 삶을 만드는 것은 다르다.

나는 당신이 내가 그랬던 것처럼 삶을 즐겁게 만들어 가기를 바란다.

25장
당신의 이야기

이 순간부터 당신의 미래를 꿈꾸며 미래의 그림을 그릴 수 있도록 다음 페이지의 공간을 비워 둔다.

당신은 어떤 이야기를 꿈꾸고 말하고 싶은가?

청소차를 타는 CEO

초판 1쇄 발행 2019년 6월 25일

지은이 브라이언 스쿠다모어
옮긴이 김재서
발행처 예미
발행인 박진희

편집 이정환
디자인 김민정

출판등록 2018년 5월 10일(제2018-000084호)

주소 경기도 고양시 일산서구 중앙로 1568 하성프라자 601호
전화 031)917-7279   팩스 031)918-3088
전자우편 yemmibooks@naver.com

ISBN 979-11-89877-04-0 (03320)

이 도서의 국립중앙도서관 출판예정도서목록(CIP)은 서지정보유통지원시스템 홈페이지
(http://seoji.nl.go.kr)와 국가자료공동목록시스템(http://www.nl.go.kr/kolisnet)에서
이용하실 수 있습니다. (CIP제어번호: CIP2019022672)